2025/2026

Einzel-handel

Prüfungs-wissen

Schnell & Einfach

Sicher durch die
IHK-Abschlussprüfung
Kaufmann / Kauffrau im
Einzelhandel & Verkäufer/in

1500
Test-Fragen
zur optimalen Vorbereitung

KATHARINA FRANKE

INHALTSVERZEICHNIS

EINLEITUNG

Herzlich willkommen zu deinem Begleiter für die Prüfungsvorbereitung im Einzelhandel! Dieses Buch soll dir dabei helfen, dein Fachwissen zu vertiefen und optimal auf deine Abschlussprüfung vorzubereiten.

Aufbau des Buches

Im Buch findest du 1500 Aussagen, die entweder richtig oder falsch sind. Die Aussagen beziehen sich direkt auf Schlüsselbegriffe und Fakten, die im Einzelhandelsalltag und in Prüfungen relevant sind. Die einfache Struktur erleichtert es dir, schnell verschiedene Aspekte des Prüfungswissens abzudecken. Da die Aussagen entweder mit „Richtig" oder „Falsch" beantwortet werden, erhältst du sofort Rückmeldung darüber, ob du den Stoff verstanden hast bzw. noch Unsicherheiten bestehen. Am Ende des Buches findest du den Antwortschlüssel.

Abdeckung der wichtigsten Prüfungsthemen

Das Buch behandelt die zentralen Themen, die in der Einzelhandelsprüfung von Bedeutung sind, wie Verkaufsgespräche und Kundenberatung, Warenwirtschaft und Sortimentsgestaltung, kaufmännische Steuerung und Kontrolle, Marketing und Verkaufsförderung sowie rechtliche Grundlagen des Einzelhandels.

Es ist wichtig zu betonen, dass die Aussagen in diesem Buch zwar die Kernthemen abdecken, aber nicht identisch mit den Fragen in der eigentlichen Prüfung sind. Das Buch dient als Instrument zur Selbstkontrolle, das dir hilft, Bereiche zu identifizieren, in denen du noch Vertiefungsbedarf hast.

Optimale Nutzung des Buches

Es wird empfohlen, die Aussagen auf einem separaten Blatt Papier oder in einem Notizbuch zu beantworten. So kannst du das Buch später erneut nutzen und einzelne Aussagen wiederholen, ohne durch bereits markierte Antworten abgelenkt zu werden.

Wenn du eine Aussage falsch beantwortest, nimm dir die Zeit, das entsprechende Thema zu wiederholen. Gehe zurück zu den Grundlagen und lies ergänzendes Material, um dein Verständnis zu vertiefen. Beachte, dass in diesem Buch keine Erklärungen angegeben sind. Dies soll dich ermutigen, selbst zu recherchieren, warum eine Aussage richtig bzw. falsch ist.

Ein Schlüsselfaktor bei der Prüfungsvorbereitung ist die regelmäßige Wiederholung des Lernstoffs. Dieses Buch bietet dir die perfekte Gelegenheit, kontinuierlich zu üben und dein Wissen regelmäßig zu überprüfen.

Mit diesem Buch hast du ein wertvolles Werkzeug für deine erfolgreiche Prüfungsvorbereitung im Einzelhandel in der Hand. Nutze es regelmäßig, beantworte die Aussagen auf separatem Papier und lass dich von falschen Antworten nicht entmutigen. Jede falsch beantwortete Aussage ist eine Chance, zu lernen und dich zu verbessern.

Viel Erfolg bei deiner Prüfungsvorbereitung!

Richtig Oder Falsch?

Wirtschaftliche Grundprinzipien

Dieses Kapitel testet dein Wissen über die fundamentalen Begriffe der Volkswirtschaftslehre. Die Aussagen prüfen dein Verständnis von Bedürfnissen und Nachfrage, Güterarten und dem ökonomischen Prinzip. Außerdem werden deine Kenntnisse zu Unternehmenszielen, dem Wirtschaftskreislauf und Marktformen geprüft. Das Verständnis von Produktionsfaktoren, Arbeitsteilung sowie Kooperation und Konzentration bildet die Grundlage für wirtschaftliches Denken im Einzelhandel.

Richtig oder falsch?

1) Existenzbedürfnisse gehören zu den Primärbedürfnissen.

2) Kollektivbedürfnisse treten ausschließlich bei Einzelpersonen auf.

3) Bedarf ist ein Bedürfnis, das mit Kaufkraft ausgestattet ist.

4) Nachfrage ist der auf dem Markt erscheinende Bedarf.

5) Immaterielle Güter sind zum Beispiel Dienstleistungen oder Rechte.

6) Luft und Sonnenstrahlen zählen zu wirtschaftlichen Gütern.

7) Nahrung und Getränke sind typische Beispiele für Luxusbedürfnisse.

8) Konsumgüter dienen der unmittelbaren Bedürfnisbefriedigung.

9) Wirtschaftliche Güter sind unbegrenzt verfügbar.

10) Beim Maximalprinzip soll mit gegebenen Mitteln ein möglichst großer Erfolg erzielt werden.

11) Das Minimalprinzip zielt darauf ab, ein Ziel mit möglichst viel Einsatz zu erreichen.

12) Ziel des ökonomischen Prinzips ist die Optimierung des Verhältnisses von Output zu Input.

13) Beim Minimalprinzip ist der Erfolg beliebig, nur die eingesetzten Mittel sind festgelegt.

14) Das ökonomische Prinzip wird in Minimal- und Maximalprinzip unterteilt.

15) Einzelhandelsunternehmen verfolgen in erster Linie das Ziel der Bedürfnisbefriedigung.

16) Die Gewinnmaximierung ist ein kurzfristiges (operatives) Ziel erwerbswirtschaftlicher Betriebe.

17) Strategische Ziele umfassen die langfristige Existenzsicherung eines Unternehmens.

18) Soziale und ökologische Ziele spielen für erwerbswirtschaftliche Betriebe keine Rolle.

19) Die Erhöhung des Marktanteils ist ein wirtschaftliches Ziel.

20) Beim Export fließt Geld vom Ausland in die inländischen Unternehmen.

21) Beim Import erhalten inländische Haushalte Geld vom Ausland.

22) Unternehmen nehmen per Saldo mehr Kredite auf, als sie Ersparnisse bei Kreditinstituten hinterlegen.

23) Private Haushalte nehmen typischerweise mehr Kredite auf, als sie sparen.

24) Sozialleistungen und Subventionen sind Bestandteile des Wirtschaftskreislaufs.

25) Der Markt ist ein Ort, an dem Angebot und Nachfrage zusammentreffen und sich ein Preis bildet.

26) Steigt die Nachfrage, sinken Preis (P^*) und Menge (M^*) im Gleichgewicht.

27) Faktormärkte umfassen z. B. den Arbeits- und Kapitalmarkt.

28) Ein Polypol liegt vor, wenn es nur einen Anbieter, aber viele Nachfrager gibt.

29) Geschlossene Märkte sind durch eingeschränkten Marktzutritt gekennzeichnet.

30) Kooperation bedeutet die freiwillige Zusammenarbeit rechtlich selbstständiger Unternehmen.

31) Konzentration führt zur Aufgabe der rechtlichen und wirtschaftlichen Selbstständigkeit.

32) Eine Einkaufsgemeinschaft ist ein Beispiel für Kooperation.

33) Kartelle sind grundsätzlich verboten, wenn sie den Wettbewerb einschränken.

34) Bei einer Konzernbildung bleiben die beteiligten Unternehmen rechtlich völlig unabhängig.

35) Horizontaler Zusammenschluss bedeutet die Kooperation auf gleicher Produktions- oder Handelsstufe.

36) Vertikale Konzentration meint die Verbindung von Unternehmen auf verschiedenen Wirtschaftsstufen.

37) Bei einer Kooperation entsteht immer ein neues rechtliches Unternehmen.

38) Ziel von Konzentration kann die Marktbeherrschung sein.

39) Arbeit, Boden, Kapital und Wissen sind klassische Produktionsfaktoren.

40) Der Produktionsfaktor „Boden" umfasst auch natürliche Ressourcen wie Wasser oder Erz.

41) Kapital umfasst ausschließlich Geldmittel wie Bargeld und Bankguthaben.

42) Der Faktor „Arbeit" bezieht sich nur auf körperliche Tätigkeiten in der Produktion.

43) Humankapital bezeichnet die Qualifikation und das Wissen von Arbeitskräften.

44) Bei der technischen Arbeitsteilung werden Tätigkeiten in kleinere, sich wiederholende Schritte zerlegt.

45) Internationale Arbeitsteilung bedeutet, dass alle Länder die gleichen Produkte produzieren.

46) Ein Vorteil der Arbeitsteilung ist eine höhere Produktivität durch Spezialisierung.

47) Ein Nachteil der Arbeitsteilung ist die zunehmende Unabhängigkeit der Betriebe voneinander.

48) Bei internationaler Arbeitsteilung kann es zu einseitiger Umweltbelastung und Arbeitsplatzverlusten kommen.

Handelsrechtliche Bestimmungen

Hier wird dein Wissen über die wichtigsten rechtlichen Grundlagen für den Einzelhandel geprüft. Von Rechtsbegriffen über Rechtsgeschäfte bis hin zu Kaufverträgen werden alle relevanten Gesetze und Vorschriften abgefragt. Besonders wichtig sind deine Kenntnisse zu Kaufvertragsstörungen, Zahlungsverkehr, Verjährung und Verbraucherschutz. Auch gewerbliche Schutzrechte, Handelsregister und Unternehmensformen werden getestet.

Richtig oder falsch?

49) Natürliche Personen sind alle Menschen.

50) Juristische Personen des Privatrechts sind zum Beispiel GmbHs und eingetragene Vereine.

51) Juristische Personen sind Tiere, die im Rechtsverkehr auftreten können.

52) Die Rechtsfähigkeit beginnt bei natürlichen Personen mit dem Schulbeginn.

53) Eine Willenserklärung ist eine bewusste Äußerung, durch die eine Rechtsfolge herbeigeführt werden soll.

54) Rechtsobjekte sind zum Beispiel Grundstücke, Gebäude oder Forderungen.

55) Geschäftsfähigkeit bedeutet, dass man keine Verträge abschließen darf.

56) Juristische Personen des öffentlichen Rechts sind unter anderem Bund, Länder, Gemeinden und Universitäten.

57) Unbeschränkt geschäftsfähig ist man mit Vollendung des 18. Lebensjahres und voller geistiger Gesundheit.

58) Beim Werkvertrag schuldet der Auftragnehmer ein konkretes Arbeitsergebnis.

59) Der Dienstvertrag verpflichtet zur erfolgreichen Ausführung eines Werkes.

60) Der Mietvertrag erlaubt die entgeltliche Nutzung einer Sache.

61) Der Pachtvertrag unterscheidet sich vom Mietvertrag dadurch, dass zusätzlich ein Fruchtgenuss erlaubt ist.

62) Leihverträge sind immer entgeltlich.

63) Ein Gelddarlehen kann sowohl entgeltlich als auch unentgeltlich erfolgen.

64) Kaufverträge sind nur gültig, wenn sie schriftlich abgeschlossen werden.

65) Ein einseitiges Rechtsgeschäft wie ein Testament ist auch ohne Zugang beim Empfänger rechtswirksam.

66) Mehrseitige Rechtsgeschäfte verpflichten mindestens zwei Parteien zur Leistung.

67) Ein nichtiges Rechtsgeschäft ist von Anfang an ungültig.

68) Bei arglistiger Täuschung ist ein Rechtsgeschäft sofort nichtig.

69) Eine Anfechtung wegen Irrtums muss unverzüglich erfolgen, nachdem der Irrtum entdeckt wurde.

70) Formmangel kann zur Nichtigkeit eines Rechtsgeschäfts führen.

71) Rechtsgeschäfte mit geschäftsunfähigen Personen sind anfechtbar.

72) Die Anfechtung eines Rechtsgeschäfts kann zur Rückabwicklung führen.

73) Eine Anfechtung wegen Drohung ist nur innerhalb von 6 Wochen möglich.

74) Scheingeschäfte sind grundsätzlich nichtig.

75) Ein sittenwidriges Rechtsgeschäft mit Wuchercharakter ist nur mit Zustimmung beider Parteien gültig.

76) Ein Kaufvertrag kommt durch zwei übereinstimmende Willenserklärungen zustande.

77) Nur die Bestellung des Käufers reicht für den Abschluss eines Kaufvertrags aus.

78) Der Verkäufer muss die Ware rechtzeitig, mangelfrei und vereinbarungsgemäß übergeben.

79) Der Käufer muss lediglich die Ware abnehmen, eine Zahlungspflicht besteht nicht.

80) Im Erfüllungsgeschäft werden die im Verpflichtungsgeschäft vereinbarten Leistungen tatsächlich ausgeführt.

81) Der gesetzliche Erfüllungsort für Geld ist beim Verkäufer.

82) Warenschulden sind Holschulden, Geldschulden sind Schickschulden.

83) Der allgemeine Gerichtsstand ist immer der Wohnsitz des Gläubigers.

84) Zu den Vertragsinhalten zählen Art, Güte, Preis und Menge der Ware.

85) Rabatt, Bonus und Skonto sind gesetzlich vorgeschriebene Preisnachlässe.

86) Ein Bonus wird nachträglich gewährt, z. B. bei Jahresumsätzen.

87) Skonto ist ein Nachlass für besonders treue Kunden.

88) Die Kosten der Versandverpackung trägt grundsätzlich der Käufer.

89) „Ab Werk" bedeutet, der Verkäufer trägt alle Transportkosten.

90) Bei der Klausel „frei Lager" trägt der Verkäufer alle Transportkosten.

91) Der Käufer kann stets sofortige Lieferung verlangen, sofern nichts anderes vereinbart wurde.

92) Vertraglich kann keine Lieferzeit vereinbart werden.

93) Der Verkäufer kann vertraglich sofortige Zahlung verlangen.

94) Fehlt bei einem Onlinevertrag die Kündigungsschaltfläche, kann fristlos gekündigt werden.

95) Beim Stückkauf wird eine vertretbare Sache verkauft.

96) Beim Gattungskauf wird eine austauschbare, massenhaft vorhandene Ware verkauft.

97) Ein Kommissionskauf erlaubt dem Käufer, nicht verkaufte Ware zurückzugeben.

98) Ein Barkauf bedeutet: Zahlung in Raten.

99) Beim Zielkauf erfolgt die Zahlung zu einem späteren Zeitpunkt.

100) Beim Ratenkauf erfolgt die Zahlung in mehreren Teilbeträgen.

101) Ein Sukzessivkauf ist durch eine einmalige Sofortlieferung gekennzeichnet.

102) Bei einem Fixkauf ist die Einhaltung eines bestimmten Liefertermins entscheidend.

103) Beim Kauf auf Abruf bestimmt der Verkäufer den Lieferzeitpunkt.

104) Ein Kaufvertrag entsteht durch zwei übereinstimmende Willenserklärungen: Antrag und Annahme.

105) Die Bestellung durch den Käufer allein reicht aus, damit ein Kaufvertrag zustande kommt.

106) Die Pflicht des Käufers besteht unter anderem in der rechtzeitigen Zahlung des Kaufpreises.

107) Der Verkäufer muss nur das Eigentum an der Ware übertragen, die Übergabe ist nicht erforderlich.

108) Der gesetzliche Erfüllungsort für die Ware ist beim Verkäufer.

109) Geldschulden sind Holschulden – der Verkäufer muss das Geld beim Käufer abholen.

110) Ein Rabatt wird in der Regel vor dem Kaufabschluss gewährt, ein Bonus nachträglich.

111) Skonto ist ein Preisnachlass für besonders treue Kunden.

112) Verpackungskosten können vertraglich abweichend von der gesetzlichen Regelung vereinbart werden.

113) Beim Stückkauf wird eine nicht vertretbare, einmalige Sache gekauft (z. B. ein Originalgemälde).

114) Ein Gattungskauf liegt vor, wenn der Kaufgegenstand vertretbar ist, wie z. B. eine neue Kaffeemaschine.

115) Beim Kommissionskauf muss der Käufer alle gelieferten Waren abnehmen, auch wenn er sie nicht verkauft.

116) Ein Zielkauf bedeutet, dass die Zahlung zu einem späteren Zeitpunkt erfolgt.

117) Ein Ratenkauf ist ein Barkauf mit sofortiger vollständiger Zahlung.

118) Beim Kauf auf Abruf bestimmt der Käufer, wann die Lieferung erfolgen soll.

119) Ein Fixkauf ist nur dann wirksam, wenn der genaue Lieferort im Vertrag genannt ist.

120) Beim Sukzessivkauf erfolgt die Lieferung in fest vereinbarten Teillieferungen.

121) Eine Terminlieferung erfolgt zu einem genau bestimmten Zeitpunkt.

122) AGB sind vorformulierte Vertragsbedingungen für eine Vielzahl von Verträgen.

123) AGB gelten automatisch in jedem Vertragsverhältnis, auch ohne Zustimmung der anderen Vertragspartei.

124) AGB müssen vor Vertragsabschluss ausdrücklich einbezogen werden.

125) Überraschende oder unklare Klauseln in AGB sind im Zweifel unwirksam.

126) Individuell ausgehandelte Vertragsbedingungen haben Vorrang vor den AGB.

127) Eine unangemessene Benachteiligung des Vertragspartners durch AGB-Klauseln ist zulässig, wenn sie üblich ist.

128) AGB müssen dem Vertragspartner nur auf Nachfrage ausgehändigt werden.

129) Die Wirksamkeit von AGB kann auch vom Alter des Vertragspartners abhängen.

130) AGB unterliegen der Inhaltskontrolle nach den Vorschriften des Bürgerlichen Gesetzbuchs (BGB).

131) Der bargeldlose Zahlungsverkehr erfolgt ausschließlich mit Kreditkarten.

132) Bei der Überweisung gibt der Zahler den Auftrag zur Zahlung an seine Bank.

133) Lastschriften werden vom Zahlungsempfänger ausgelöst.

134) Ein Dauerauftrag eignet sich für regelmäßig gleichbleibende Zahlungen, z. B. Miete.

135) Der Zahler kann einen Dauerauftrag jederzeit ändern oder löschen.

136) Beim SEPA-Lastschriftverfahren muss der Zahlungspflichtige kein Mandat erteilen.

137) Ein Scheck ist ein unbares Zahlungsmittel.

138) Der Empfänger eines Verrechnungsschecks kann diesen direkt in bar einlösen.

139) Der Zahlungsempfänger ist bei der Überweisung aktiv am Zahlungsvorgang beteiligt.

140) Ein Zahlschein wird häufig für Einzahlungen auf ein fremdes Konto verwendet.

141) Beim Onlinebanking sind alle Zahlungen automatisch durch eine Bankmitarbeiterin freizugeben.

142) Die IBAN ersetzt in Europa die frühere Kontonummer und Bankleitzahl.

143) Der BIC wird benötigt, um internationale Überweisungen zu identifizieren.

144) Bargeldlose Zahlungen sind in Deutschland gesetzlich verboten, wenn sie 5.000 € übersteigen.

145) Eine Schlechtleistung liegt vor, wenn die gelieferte Ware nicht der vertraglich vereinbarten Qualität entspricht.

146) Bei Lieferverzug kann der Käufer ohne Fristsetzung sofort vom Vertrag zurücktreten.

147) Annahmeverzug liegt vor, wenn der Käufer die angebotene Ware nicht annimmt.

148) Zahlungsverzug liegt vor, wenn der Käufer die vereinbarte Zahlung nicht rechtzeitig leistet.

149) Bei Schlechtleistung hat der Käufer grundsätzlich kein Recht auf Nachbesserung.

150) Die Nacherfüllung kann durch Nachbesserung oder Ersatzlieferung erfolgen.

151) Bei geringfügigen Mängeln kann der Käufer die Annahme der Ware verweigern.

152) Bei Lieferverzug kann der Käufer auf die Lieferung bestehen.

153) Ein Fixkauf kann auch verspätet erfüllt werden, ohne Rechtsfolgen.

154) Bei Zahlungsverzug kann der Verkäufer Verzugszinsen verlangen.

155) Der Käufer muss dem Verkäufer eine angemessene Frist zur Nachbesserung setzen.

156) Der Käufer kann bei Mangel der Ware sofort vom Vertrag zurücktreten, ohne Fristsetzung.

157) Die gesetzliche Gewährleistungsfrist beträgt in der Regel zwei Jahre.

158) Bei einem Mangel muss der Käufer diesen unverzüglich melden.

159) Ein versteckter Mangel muss nicht gerügt werden.

160) Die Rügepflicht gilt im B2B-Bereich strenger als im B2C-Bereich.

161) Der Käufer hat bei mangelhafter Lieferung nur ein Recht auf Rücktritt.

162) Ersatzlieferung bedeutet, dass eine neue, mangelfreie Ware geliefert wird.

163) Im Annahmeverzug trägt der Käufer das Risiko des Untergangs der Ware.

164) Im Lieferverzug kann der Verkäufer Verzugszinsen vom Käufer verlangen.

165) Minderung bedeutet eine Reduzierung des Kaufpreises bei mangelhafter Ware.

166) Ein Mangel liegt nur dann vor, wenn die Ware vollständig fehlt.

167) Bei Ersatzlieferung beginnt die Gewährleistungsfrist neu.

168) Der Käufer darf die Ware im Fall eines Mangels sofort entsorgen.

169) Der Verkäufer kann bei Annahmeverzug Lagerkosten geltend machen.

170) Bei Lieferverzug ist eine Nachfristsetzung nur bei kalendermäßig bestimmter Lieferung nötig.

171) Nach Ablauf der Frist zur Nachbesserung kann der Käufer vom Vertrag zurücktreten oder mindern.

172) Der Käufer kann nicht gleichzeitig Nacherfüllung und Rücktritt verlangen.

173) Lieferverzug tritt automatisch nach Ablauf der Lieferzeit ein, ohne weitere Voraussetzung.

174) Eine Mahnung ist Voraussetzung für den Lieferverzug, außer bei Fixgeschäften.

175) Der Käufer kann bei Zahlungsverzug Schadensersatz verlangen.

176) Mängel müssen dem Verkäufer schriftlich mitgeteilt werden, sonst sind sie unwirksam.

177) Im B2C-Geschäft gelten verbraucherfreundlichere Regeln als im B2B-Geschäft.

178) Lieferverzug liegt nur vor, wenn die Lieferung fällig ist und der Gläubiger gemahnt hat.

179) Eine Mahnung ist immer erforderlich, auch bei Fixkäufen.

180) Der Lieferant haftet nicht bei höherer Gewalt, sondern nur bei Vorsatz oder Fahrlässigkeit.

181) Der Käufer kann bei Lieferverzug ohne Fristsetzung vom Vertrag zurücktreten, wenn es sich um einen Fixkauf handelt.

182) Die Nachfristsetzung ist immer Pflicht, bevor man vom Vertrag zurücktreten kann.

183) Eine Schlechtleistung liegt vor, wenn die gelieferte Ware von der vereinbarten Beschaffenheit abweicht.

184) Nur objektive Abweichungen von der Norm gelten als Mangel, subjektive Wünsche sind irrelevant.

185) Die Sache muss sowohl objektiven als auch subjektiven Anforderungen entsprechen.

186) Montagefehler gelten ebenfalls als Mangel.

187) Eine falsche Lieferung (Aliud-Lieferung) stellt keine mangelhafte Lieferung dar.

188) Die Nacherfüllung kann durch Nachbesserung oder Ersatzlieferung erfolgen.

189) Der Käufer kann frei wählen, ob er Nachbesserung oder Ersatzlieferung verlangt.

190) Der Verkäufer darf die gewählte Form der Nacherfüllung verweigern, wenn sie unverhältnismäßig ist.

191) Die Gewährleistungsfrist beträgt bei neuen Sachen grundsätzlich zwei Jahre.

192) Eine mangelhafte Lieferung kann auch bei unerkanntem Fabrikationsfehler vorliegen.

193) Der Käufer verliert sein Recht auf Gewährleistung, wenn er den Mangel nicht sofort meldet.

194) Im B2B-Bereich muss der Käufer Mängel unverzüglich rügen (Untersuchungs- und Rügepflicht).

195) Im B2C-Bereich gibt es keine Pflicht zur sofortigen Mängelanzeige.

196) Eine Minderung ist ein vollständiger Rücktritt vom Kaufvertrag.

197) Eine Minderung ist die Herabsetzung des Kaufpreises bei mangelhafter Ware.

198) Schadensersatz statt der Leistung ist ausgeschlossen, wenn der Verkäufer den Mangel nicht zu vertreten hat.

199) Ein Rücktritt vom Kaufvertrag ist nur nach erfolgloser Nachbesserung möglich.

200) Die gesetzliche Mängelhaftung kann durch AGB vollständig ausgeschlossen werden – auch im Verbrauchergeschäft.

201) Bei arglistigem Verschweigen eines Mangels gilt eine verlängerte Verjährungsfrist.

202) Annahmeverzug setzt voraus, dass die Lieferung fällig ist und ordnungsgemäß angeboten wurde.

203) Der Käufer muss schuldhaft handeln, damit Annahmeverzug entsteht.

204) Im Annahmeverzug haftet der Verkäufer nur noch für Vorsatz und grobe Fahrlässigkeit.

205) Der Käufer haftet im Annahmeverzug auch für Schäden durch höhere Gewalt.

206) Der Verkäufer hat im Annahmeverzug nur das Recht, vom Vertrag zurückzutreten, nicht aber auf Erfüllung zu bestehen.

207) Ein Zahlungsverzug liegt vor, wenn die Zahlung fällig ist, eine Mahnung erfolgt ist und der Schuldner verschuldet handelt.

208) Eine Mahnung ist immer erforderlich, selbst wenn ein fester Zahlungstermin im Vertrag vereinbart ist.

209) Der Schuldner kann auch ohne Mahnung in Verzug geraten, wenn 30 Tage nach Rechnungseingang vergangen sind.

210) Bei Zahlungsverzug kann der Gläubiger Verzugszinsen und Schadensersatz verlangen.

211) Eine Nachfrist ist zwingend erforderlich, bevor vom Kaufvertrag zurückgetreten werden kann.

212) Das außergerichtliche Mahnverfahren dient dem Einzug offener Forderungen ohne Einschaltung eines Gerichts.

213) Ein Inkassoinstitut ist ein staatliches Organ zur Einziehung privater Schulden.

214) Die Offene-Posten-Liste hilft Unternehmen, unbezahlte Rechnungen systematisch zu erfassen.

215) Das gerichtliche Mahnverfahren beginnt mit dem Antrag auf Erlass eines Mahnbescheids beim Amtsgericht.

216) Das Amtsgericht prüft beim Mahnbescheid automatisch die inhaltliche Richtigkeit der Forderung.

217) Erfolgt nach dem Mahnbescheid kein Widerspruch, kann der Gläubiger einen Vollstreckungsbescheid beantragen.

218) Der Vollstreckungstitel eines Mahnverfahrens hat eine Gültigkeit von maximal 5 Jahren.

219) Mit einem Vollstreckungsbescheid kann Zwangsvollstreckung betrieben werden, z. B. durch Pfändung oder Zwangsversteigerung.

220) Das gerichtliche Mahnverfahren endet automatisch mit der Zahlung oder mit Einleitung der Zwangsvollstreckung.

221) Die regelmäßige Verjährungsfrist beträgt in der Regel drei Jahre.

222) Die Verjährungsfrist beginnt immer am Tag des Vertragsschlusses.

223) Bei Baumängeln beträgt die Verjährungsfrist in der Regel fünf Jahre ab Abnahme.

224) Eine Hemmung der Verjährung verlängert die Frist um den Zeitraum, in dem z. B. ein Gerichtsverfahren läuft.

225) Verjährung bedeutet, dass ein Anspruch erlischt und nicht mehr geltend gemacht werden kann.

226) Verbraucher haben bei Haustür- und Fernabsatzgeschäften ein Widerrufsrecht von 14 Tagen ohne Angabe von Gründen.

227) Der Hersteller haftet für fehlerhafte Produkte nur dann, wenn ihm ein Verschulden nachgewiesen werden kann.

228) Nach dem Produkthaftungsgesetz haftet der Hersteller verschuldensunabhängig für Schäden durch fehlerhafte Produkte.

229) Nach der Preisangabenverordnung müssen Preise für Endverbraucher immer inklusive Umsatzsteuer angegeben werden.

230) Bei abgepackten Waren darf der Preis auch ohne Mengenangabe erfolgen, wenn der Stückpreis genannt wird.

231) Patente schützen neue technische Erfindungen, einschließlich Herstellungsverfahren.

232) Das Gebrauchsmuster schützt ausschließlich gestalterische Merkmale wie Form und Farbe eines Produkts.

233) Die Schutzfrist für ein Patent beträgt in der Regel 20 Jahre ab dem Tag nach der Anmeldung.

234) Geschmacksmuster schützen das Design, die ästhetische Form und Farbgebung eines Produkts.

235) Das Handelsregister ist ein öffentliches Verzeichnis, das vom Amtsgericht geführt wird.

236) Jeder Gewerbetreibende muss sich zwingend ins Handelsregister eintragen lassen.

237) Ein Istkaufmann ist aufgrund des Umfangs seines Handelsgewerbes zur Eintragung verpflichtet.

238) Ein Kannkaufmann kann sich freiwillig ins Handelsregister eintragen lassen.

239) Die Firma eines Unternehmens bezeichnet das gesamte Vermögen des Unternehmens.

240) Die Firma eines Kaufmanns ist der Name, unter dem er seine Geschäfte betreibt.

241) Die Firmenbezeichnung darf nur aus dem Nachnamen des Inhabers bestehen.

242) Die Firma muss zur Kennzeichnung des Kaufmanns geeignet und Unterscheidungskraft besitzen.

243) Ein Formkaufmann entsteht durch die Wahl einer bestimmten Rechtsform wie z. B. GmbH oder AG.

244) Einzelunternehmen haften mit dem gesamten Privat- und Geschäftsvermögen.

245) Die OHG erfordert mindestens zwei Gesellschafter.

246) Eine GmbH kann auch von nur einer Person gegründet werden.

247) In der KG haften Kommanditisten unbeschränkt mit ihrem Privatvermögen.

248) Die OHG benötigt ein Mindestkapital von 25.000 Euro.

249) Komplementäre einer KG haften unbeschränkt, Kommanditisten nur mit ihrer Einlage.

250) Die GmbH ist eine Kapitalgesellschaft.

251) Die AG muss mindestens drei Vorstandsmitglieder haben.

252) Für die Gründung einer GmbH ist ein Stammkapital von mindestens 25.000 Euro erforderlich.

253) Die Haftung in einer OHG ist gesamtschuldnerisch.

254) Eine AG haftet mit dem Gesellschaftsvermögen, nicht mit dem Privatvermögen der Aktionäre.

255) Kommanditisten sind zur Geschäftsführung in der KG berechtigt.

256) Die GmbH & Co. KG ist eine Mischform aus GmbH und KG.

257) Die Firma einer OHG muss zwingend den Zusatz "oHG" enthalten.

258) Ein Einzelunternehmen kann mehrere Eigentümer haben.

259) GmbHs sind im Handelsregister Abteilung A eingetragen.

260) Die AG ist zur Veröffentlichung ihres Jahresabschlusses verpflichtet.

261) Ein Kommanditist darf nicht im Handelsregister eingetragen werden.

262) Die Gewinnverteilung in der OHG kann frei vereinbart werden.

263) Die KGaA ist eine Sonderform der AG mit Kommanditisten.

264) Die GmbH & Co. KG wird von einer natürlichen Person geführt.

265) Bei der AG erfolgt die Leitung durch den Vorstand.

266) Die stille Gesellschaft ist im Handelsregister eintragungspflichtig.

267) Die BGB-Gesellschaft ist keine Handelsgesellschaft.

268) Die OHG ist eine juristische Person.

269) Eine AG benötigt ein Grundkapital von mindestens 50.000 Euro.

270) Kapitalgesellschaften haften nur mit dem Gesellschaftsvermögen.

271) In der GmbH erfolgt die Geschäftsführung durch den Aufsichtsrat.

272) Ein Einzelkaufmann haftet unbeschränkt mit seinem gesamten Geschäfts- und Privatvermögen.

273) Die Eintragung ins Handelsregister ist für jeden Einzelunternehmer verpflichtend.

274) Die Abkürzung „e. K." steht für „eingetragener Kaufmann".

275) Ein Einzelunternehmer benötigt ein Mindestkapital von 25.000 Euro zur Gründung.

276) Der Einzelunternehmer trifft alle unternehmerischen Entscheidungen allein.

277) Die OHG ist eine Personengesellschaft, bei der alle Gesellschafter unbeschränkt haften.

278) Zur Gründung einer OHG ist ein Mindestkapital von 10.000 € erforderlich.

279) Jeder Gesellschafter einer OHG ist zur Geschäftsführung berechtigt und verpflichtet.

280) Die OHG muss in das Handelsregister eingetragen werden.

281) Die Haftung in der OHG kann intern auf einen Gesellschafter beschränkt werden, was nach außen gilt.

282) Die Firma der OHG muss den Zusatz „OHG" enthalten.

283) Die OHG ist eine juristische Person.

284) Die Gewinnverteilung erfolgt nach Gesellschaftsvertrag, sonst zu gleichen Teilen.

285) Gesellschafter einer OHG dürfen ohne Zustimmung der anderen Gesellschafter neue Partner aufnehmen.

286) In einer KG haften Komplementäre unbeschränkt und Kommanditisten nur mit ihrer Einlage.

287) Kommanditisten sind zur Geschäftsführung und Vertretung berechtigt.

288) Die KG benötigt mindestens zwei Gesellschafter: einen Komplementär und einen Kommanditisten.

289) Es besteht eine gesetzliche Mindesteinlage für die Gründung einer KG von 5.000 Euro.

290) Die Vertretung der KG nach außen erfolgt durch die Komplementäre.

291) Die GmbH ist eine Kapitalgesellschaft.

292) Eine GmbH benötigt zur Gründung mindestens zwei Gesellschafter.

293) Das Mindeststammkapital einer GmbH beträgt 25.000 Euro.

294) Die Haftung der Gesellschafter einer GmbH ist auf das Gesellschaftsvermögen beschränkt.

295) Die GmbH ist im Handelsregister eingetragen und gilt als juristische Person.

296) Geschäftsführer einer GmbH müssen zwingend auch Gesellschafter sein.

297) Die Gesellschaftsversammlung ist das beschlussfassende Organ der GmbH.

298) Die GmbH muss jährlich ihren Jahresabschluss veröffentlichen, unabhängig von ihrer Größe.

299) Eine Ein-Personen-GmbH ist rechtlich zulässig.

300) Eine AG kann auch ohne Eintragung ins Handelsregister tätig werden.

301) Der Mindestnennbetrag des Grundkapitals einer AG beträgt 50.000 Euro.

302) Aktionäre einer AG haften persönlich mit ihrem gesamten Vermögen.

303) Der Vorstand leitet die AG eigenverantwortlich und vertritt sie nach außen.

304) Der Aufsichtsrat überwacht den Vorstand und kann ihn abberufen.

305) Die Hauptversammlung entscheidet über die Gewinnverwendung.

306) Die Hauptversammlung bestellt und entlässt den Vorstand.

307) Der Vorstand schlägt die Gewinnverwendung vor, die Hauptversammlung beschließt darüber.

308) Der Nennwert einer Aktie ist variabel und hängt vom aktuellen Börsenkurs ab.

309) Der Kurswert einer Aktie ist der an der Börse gehandelte Preis und schwankt.

310) Die AG ist eine juristische Person mit einer festen Organisationsstruktur.

311) Die Firma einer AG muss den Zusatz „AG" oder „Aktiengesellschaft" enthalten.

312) Eine Aktie verbrieft das Mitgliedschaftsrecht in der AG und repräsentiert einen Anteil am Grundkapital.

313) Eine AG kann nicht an der Börse gehandelt werden.

314) Ziel einer eG ist die wirtschaftliche Förderung ihrer Mitglieder.

315) Eine eG benötigt mindestens sieben Gründungsmitglieder.

316) Die Haftung der Mitglieder einer eG kann beschränkt oder unbeschränkt sein, je nach Satzung.

317) Eine eG ist zur Eintragung ins Handelsregister verpflichtet.

318) Organe der eG sind Vorstand, Aufsichtsrat und Generalversammlung.

319) Steuern sind Zwangsabgaben, die der Staat ohne direkte Gegenleistung erhebt.

320) Besitzsteuern gehören zur Kategorie der Verbrauchssteuern.

321) Umsatzsteuer zählt zu den indirekten Steuern.

322) Sozialversicherungen beruhen auf dem Individualprinzip.

323) Die gesetzliche Unfallversicherung ist Teil der Sozialversicherung.

324) Beiträge zur Individualversicherung richten sich nach dem Einkommen der Versicherten.

325) Leistungen der gesetzlichen Sozialversicherung sind gesetzlich festgelegt.

326) Zu den Individualversicherungen zählen Haftpflicht- und Rechtsschutzversicherungen.

327) Die Kirchensteuer zählt zu den EU-Steuern.

Personal und Arbeitsorganisation

Dieses Kapitel prüft deine Kenntnisse zu allen Aspekten des Arbeitslebens im Einzelhandel. Die Aussagen testen dein Wissen über Berufsausbildungsverträge und Arbeitsverträge sowie das Tarifrecht und wichtige Arbeitsschutzbestimmungen. Themen wie Jugendarbeitsschutz, Kündigungsschutz, Mutterschutz und Mitbestimmung der Arbeitnehmer werden ebenso abgefragt wie Handlungsvollmacht und Sozialversicherungen.

Richtig oder falsch?

328) Der Berufsausbildungsvertrag wird zwischen Ausbildendem und Auszubildendem abgeschlossen.

329) Der Ausbildungsvertrag muss immer mündlich geschlossen werden.

330) Im Ausbildungsvertrag müssen Angaben zur Probezeit enthalten sein.

331) Die Ausbildungsvergütung darf im Vertrag nicht festgelegt werden.

332) Der Berufsausbildungsvertrag kann vom Auszubildenden während der Probezeit fristlos gekündigt werden.

333) Der Arbeitsvertrag ist ein Dienstvertrag nach § 611 BGB.

334) Im Arbeitsvertrag müssen weder Arbeitsort noch Tätigkeit genannt werden.

335) Arbeitnehmer haben Anspruch auf ein Zeugnis vom Arbeitgeber.

336) Arbeitnehmer dürfen in ihrer Freizeit uneingeschränkt in Konkurrenz zum Arbeitgeber treten.

337) Zu den Rechten der Arbeitnehmer zählt unter anderem die Entgeltzahlung und die Gewährung von Urlaub.

338) Tarifverträge werden zwischen Arbeitgeberverbänden und Gewerkschaften abgeschlossen.

339) Ein einzelner Arbeitnehmer kann selbst einen Tarifvertrag mit seinem Arbeitgeber aushandeln.

340) Tarifverträge regeln unter anderem Löhne, Arbeitszeiten und Urlaubsansprüche.

341) Ein Manteltarifvertrag regelt vor allem allgemeine Arbeitsbedingungen.

342) Lohntarifverträge haben meist eine kürzere Laufzeit als Manteltarifverträge.

343) Tarifverträge gelten automatisch für alle Arbeitnehmer eines Unternehmens.

344) Ein Tarifvertrag kann durch Allgemeinverbindlichkeit auch auf nicht tarifgebundene Betriebe ausgeweitet werden.

345) Das Tarifvertragsgesetz bildet die gesetzliche Grundlage für Tarifverträge.

346) Arbeitgeber dürfen während eines gültigen Tarifvertrags unbegrenzt Löhne senken.

347) Eine Friedenspflicht gilt während der Laufzeit eines Tarifvertrags.

348) Streiks während der Laufzeit eines gültigen Tarifvertrags sind grundsätzlich erlaubt.

349) Gewerkschaften vertreten die Interessen der Arbeitnehmer in Tarifverhandlungen.

350) Tarifverträge müssen immer notariell beurkundet werden.

351) Der Betriebsrat schließt Tarifverträge mit dem Arbeitgeber ab.

352) Das Jugendarbeitsschutzgesetz gilt für alle Personen unter 18 Jahren.

353) Das Jugendarbeitsschutzgesetz gilt auch für volljährige Auszubildende.

354) Kinderarbeit ist grundsätzlich erlaubt, wenn die Eltern zustimmen.

355) Personen unter 15 Jahren dürfen nicht beschäftigt werden.

356) Jugendliche benötigen vor Beginn der Beschäftigung eine Erstuntersuchung.

357) Eine Nachuntersuchung ist erst nach fünf Jahren notwendig.

358) Die normale tägliche Arbeitszeit beträgt 8 Stunden für Jugendliche.

359) Jugendliche dürfen niemals mehr als 8 Stunden pro Tag arbeiten.

360) Die maximale Wochenarbeitszeit beträgt 40 Stunden für Jugendliche.

361) Eine 6-Tage-Woche ist für Jugendliche zulässig.

362) Bei einer Arbeitszeit von 5 Stunden genügt eine Pause von 15 Minuten.

363) Jugendliche müssen täglich mindestens 12 Stunden Freizeit am Stück haben.

364) Jugendliche dürfen regulär ab 6 Uhr arbeiten.

365) In Gaststätten dürfen Jugendliche bis 24 Uhr arbeiten.

366) In Mehrschichtbetrieben dürfen Jugendliche ausnahmsweise bis 23 Uhr beschäftigt werden.

367) Akkordarbeit ist für Jugendliche erlaubt, wenn sie freiwillig zustimmen.

368) Jugendliche dürfen keine gefährlichen Arbeiten ausführen.

369) Samstagsarbeit ist grundsätzlich für Jugendliche erlaubt.

370) In Krankenhäusern und Gaststätten sind Ausnahmen von der Samstagsruhe für Jugendliche möglich.

371) Der gesetzliche Mindesturlaub für 15-Jährige beträgt 30 Werktage.

372) Für 16-Jährige beträgt der gesetzliche Mindesturlaub 20 Tage.

373) Jugendliche dürfen während des Berufsschulunterrichts von mehr als 5 Stunden an einem Tag nicht beschäftigt werden.

374) Berufsschulzeit wird auf die Arbeitszeit angerechnet.

375) Der Arbeitgeber ist verpflichtet, Jugendlichen Zeit für den Schulbesuch zu geben.

376) Nachtarbeit ist Jugendlichen unter 18 Jahren grundsätzlich verboten.

377) Die Überwachung des Jugendarbeitsschutzes erfolgt durch die Polizei.

378) Das Jugendarbeitsschutzgesetz gilt für alle Personen unter 18 Jahren.

379) Für Auszubildende über 18 Jahre gilt weiterhin das Jugendarbeitsschutzgesetz.

380) Eine Erstuntersuchung ist Voraussetzung für die Beschäftigung Jugendlicher.

381) Jugendliche dürfen grundsätzlich bis 22 Uhr arbeiten, auch ohne Ausnahmen.

382) Jugendliche müssen pro Tag mindestens 12 Stunden Freizeit am Stück haben.

383) Akkord- und Nachtarbeit sind für Jugendliche grundsätzlich verboten.

384) Jugendliche mit mehr als fünf Schulstunden an einem Berufsschultag dürfen danach noch beschäftigt werden.

385) Die Einhaltung des Jugendarbeitsschutzgesetzes wird von den Gewerbeaufsichtsämtern überwacht.

386) Kündigungen müssen schriftlich erfolgen, sonst sind sie unwirksam.

387) Der Betriebsrat muss vor jeder Kündigung angehört werden.

388) Die Grundkündigungsfrist beträgt vier Wochen zum 15. oder zum Monatsende.

389) Verlängerte Kündigungsfristen gelten sowohl für Arbeitnehmer als auch für Arbeitgeber.

390) Zeiten vor dem 25. Lebensjahr werden bei der Kündigungsfrist nicht berücksichtigt.

391) In Kleinbetrieben mit bis zu 20 Vollzeitbeschäftigten kann eine Kündigungsfrist von vier Wochen jederzeit vereinbart werden.

392) Aushilfsverträge unter drei Monaten können beliebige Kündigungsfristen enthalten.

393) Während der Probezeit beträgt die Kündigungsfrist für Arbeitsverhältnisse vier Wochen.

394) In der Probezeit eines Ausbildungsverhältnisses kann ohne Frist und ohne Angabe von Gründen gekündigt werden.

395) Eine außerordentliche Kündigung setzt keinen besonderen Grund voraus.

396) Eine außerordentliche Kündigung muss innerhalb von zwei Wochen nach Kenntnis des Grundes ausgesprochen werden.

397) Das Kündigungsschutzgesetz gilt auch für außerordentliche Kündigungen.

398) Das Kündigungsschutzgesetz greift nur, wenn das Arbeitsverhältnis länger als sechs Monate besteht.

399) Schwangere und Personen im Erziehungsurlaub genießen besonderen Kündigungsschutz.

400) Schwangere Frauen dürfen in den letzten sechs Wochen vor der Entbindung nicht mehr arbeiten.

401) Die Schutzfrist vor der Entbindung beträgt in der Regel sechs Wochen.

402) Der Kündigungsschutz gilt während der Schwangerschaft und bis vier Monate nach der Geburt.

403) Nachtarbeit zwischen 20 und 6 Uhr ist für Schwangere grundsätzlich erlaubt.

404) Stillpausen während der Arbeitszeit müssen gewährt und bezahlt werden.

405) Das Arbeitsschutzgesetz verpflichtet Arbeitgeber zur Gefährdungsbeurteilung am Arbeitsplatz.

406) Laut Arbeitszeitgesetz darf die tägliche Arbeitszeit 12 Stunden ohne Pause betragen.

407) Eine Pause von mindestens 30 Minuten ist bei mehr als 6 Stunden Arbeitszeit vorgeschrieben.

408) Die maximale werktägliche Arbeitszeit beträgt in der Regel 8 Stunden.

409) Sonn- und Feiertagsarbeit ist grundsätzlich ohne Ausnahme erlaubt.

410) In Betrieben mit mindestens fünf ständig wahlberechtigten Arbeitnehmern kann ein Betriebsrat gewählt werden.

411) Der Betriebsrat darf nur bei sozialen Angelegenheiten mitbestimmen, nicht bei personellen Fragen.

412) Die Mitbestimmung bezieht sich unter anderem auf Arbeitszeit, Urlaubsplanung und technische Einrichtungen.

413) Der Arbeitgeber kann Maßnahmen ohne Zustimmung des Betriebsrats durchsetzen, selbst wenn dieser zustimmen müsste.

414) Die Jugend- und Auszubildendenvertretung vertritt die Interessen junger Beschäftigter im Betrieb.

415) Die Handlungsvollmacht kann formlos, also auch mündlich erteilt werden.

416) Die Prokura muss ausdrücklich und schriftlich erteilt werden.

417) Die Prokura ist im Handelsregister einzutragen.

418) Ein Prokurist darf das Unternehmen verkaufen.

419) Prokura kann auch an mehrere Personen gemeinsam (Gesamtprokura) erteilt werden.

420) Die Handlungsvollmacht ist gesetzlich genau geregelt und auf bestimmte Geschäfte beschränkt.

421) Ein Handlungsbevollmächtigter darf keine Grundstücke verkaufen, es sei denn, er wurde dazu ermächtigt.

422) Der Prokurist darf Mitarbeiter einstellen und entlassen.

423) Prokura kann von jeder Person im Unternehmen erteilt werden.

424) Die gesetzliche Rentenversicherung dient der Altersvorsorge.

425) Die Beiträge zur gesetzlichen Krankenversicherung werden ausschließlich vom Arbeitgeber getragen.

426) Die Unfallversicherung ist eine Pflichtversicherung für Arbeitnehmer.

427) Die Pflegeversicherung ist Bestandteil der Sozialversicherung.

428) Die Beiträge zur Sozialversicherung werden nur auf Wunsch des Arbeitnehmers abgeführt.

Sicherheit und Nachhaltigkeit

Hier wird dein Verständnis für den Schutz von Mensch und Umwelt im Betrieb getestet. Die Aussagen prüfen dein Wissen über Sicherheits- und Gesundheitsschutz am Arbeitsplatz, Unfallverhütung und Brandschutz. Gleichzeitig werden deine Kenntnisse der Prinzipien des Umweltschutzes abgefragt, von der Kreislaufwirtschaft über Recycling bis hin zum Öko-Audit und nachhaltigen Wirtschaften.

Richtig oder falsch?

429) Arbeitgeber sind gesetzlich verpflichtet, Maßnahmen zur Arbeitssicherheit zu ergreifen.

430) Das Arbeitsschutzgesetz dient dem Schutz der Umwelt.

431) Jeder Mitarbeiter ist verpflichtet, sich an Sicherheitsvorschriften zu halten.

432) Sicherheitsunterweisungen müssen regelmäßig wiederholt werden.

433) Brandschutzmaßnahmen gehören zur Arbeitssicherheit.

434) Nur Führungskräfte sind für die Einhaltung von Sicherheitsvorschriften verantwortlich.

435) Arbeitsunfälle müssen dokumentiert und der Berufsgenossenschaft gemeldet werden.

436) Erste-Hilfe-Material muss jederzeit zugänglich sein.

437) Umweltschutz ist freiwillig und nicht gesetzlich geregelt.

438) Recycling ist ein Beitrag zum betrieblichen Umweltschutz.

439) Gefahrstoffe müssen klar gekennzeichnet und sicher gelagert werden.

440) Das Trennen von Abfällen ist gesetzlich vorgeschrieben.

441) Für den Umgang mit Chemikalien gelten keine besonderen Vorschriften.

442) Lärm- und Emissionsschutzmaßnahmen sind Teil des Umweltschutzes.

443) Energiesparen im Betrieb hat keinen Einfluss auf den Umweltschutz.

444) Der Betriebsrat hat bei Fragen der Arbeitssicherheit ein Mitbestimmungsrecht.

445) Schutzhelme und Sicherheitsschuhe zählen zur persönlichen Schutzausrüstung.

446) Warnschilder und Sicherheitskennzeichen dienen der Unfallverhütung.

447) Elektrische Anlagen dürfen ohne Einweisung bedient werden.

448) Gefahrensymbole helfen, Risiken schnell zu erkennen.

449) Die Verantwortung für den Umweltschutz liegt allein beim Gesetzgeber.

450) Jeder Betrieb muss eine Fachkraft für Arbeitssicherheit benennen.

451) Die Umweltmanagementsysteme (z. B. EMAS, ISO 14001) helfen, betriebliche Umweltziele systematisch zu erreichen.

452) Arbeitgeber sind verpflichtet, regelmäßig Gefährdungsbeurteilungen durchzuführen.

453) Beschäftigte müssen ihre persönliche Schutzausrüstung nur bei akuter Unfallgefahr tragen.

454) Die Unterweisung zur Arbeitssicherheit muss mindestens einmal jährlich erfolgen.

455) Beschäftigte sind verpflichtet, festgestellte Sicherheitsmängel zu melden.

456) Erste Hilfe ist nur Aufgabe speziell ausgebildeter Mitarbeiter und kein Thema für die Allgemeinheit.

457) Der Arbeitgeber muss Beschäftigte über Gesundheitsgefahren am Arbeitsplatz informieren.

458) Bei Bildschirmarbeitsplätzen ist der Arbeitgeber nicht zu ergonomischen Maßnahmen verpflichtet.

459) Gesundheitsförderung ist Teil des präventiven Arbeitsschutzes.

460) Sicherheitskennzeichnungen im Betrieb sind freiwillig.

461) Umweltschutz ist eine gesetzliche Verpflichtung für Unternehmen.

462) Der bewusste Umgang mit Ressourcen gehört nicht zum betrieblichen Umweltschutz.

463) Mülltrennung und Recycling sind Maßnahmen zum Umweltschutz.

464) Abfälle dürfen gemeinsam entsorgt werden, um Kosten zu sparen.

465) Der Einsatz energieeffizienter Maschinen dient dem Umweltschutz.

466) Das Verwenden von Einwegverpackungen ist ein Beitrag zum Umweltschutz.

467) Umweltschutz beginnt bereits beim Einkauf von Materialien.

468) Mitarbeiter sind verpflichtet, umweltgerechtes Verhalten im Betrieb zu beachten.

469) Chemikalien dürfen in jedem Abfluss entsorgt werden, wenn sie verdünnt sind.

470) Umweltmanagementsysteme helfen, Umweltschutzmaßnahmen systematisch umzusetzen.

471) Ein verantwortungsvoller Umgang mit Wasser gehört zum betrieblichen Umweltschutz.

472) Der Gesetzgeber spielt im Umweltschutz keine Rolle.

473) Energiesparen im Betrieb kann auch wirtschaftliche Vorteile bringen.

474) Die Einhaltung von Umweltschutzmaßnahmen ist reine Privatsache der Beschäftigten.

Arbeitsverfahren und -techniken

In diesem Kapitel werden wichtige Kompetenzen für den Berufsalltag getestet. Die Aussagen prüfen dein Wissen darüber, wie man Informationen systematisch beschafft und auswertet, effektiv kommuniziert und im Team arbeitet. Auch deine Kenntnisse zu Konfliktmanagement und verschiedenen Kreativitäts- sowie Bewertungstechniken werden abgefragt - alles wichtige Fähigkeiten für erfolgreiche Arbeit im Einzelhandel.

Richtig oder falsch?

475) Um erfolgreich beraten zu können, ist es ausreichend, nur allgemeine Verkaufskenntnisse zu haben.

476) Informationen aus Kundendateien gehören zu den unternehmensinternen Informationsquellen.

477) Die Analyse von Konkurrenzunternehmen zählt zu den unternehmensexternen Informationsquellen.

478) Nur unternehmensexterne Quellen liefern Informationen zur Verkaufsstatistik.

479) Fachzeitschriften und Messen sind Beispiele für unternehmensexterne Informationsquellen.

480) Zu den unternehmensinternen Informationsquellen zählen z. B. Artikeldateien und Verkaufsstatistiken.

481) Eine gute Warenkenntnis ist für überzeugende Verkaufsgespräche im Einzelhandel nicht unbedingt erforderlich.

482) Die Industrie- und Handelskammer ist eine unternehmensexterne Quelle für Informationen.

483) Informationen von statistischen Ämtern zählen zu den internen Informationsquellen eines Unternehmens.

484) Kommunikationsprobleme entstehen häufig, weil Gesprächspartner auf unterschiedlichen Kommunikationsebenen miteinander sprechen.

485) Das Kommunikationsmodell von Schulz von Thun besteht aus drei Seiten einer Nachricht.

486) Die vier Seiten einer Nachricht sind: Sachinhalt, Selbstoffenbarung, Beziehung und Appell.

487) Der Appell ist die Ebene der Nachricht, auf der eine Meinung über den Gesprächspartner ausgedrückt wird.

488) Ein und dieselbe Nachricht kann von verschiedenen Empfängern unterschiedlich interpretiert werden – je nach Fokus auf eine der vier Seiten.

489) Der Aspekt „Beziehung" beschreibt, was der Sender über sich selbst mitteilt.

490) Konflikte können entstehen, wenn der Empfänger einen Aspekt betont, den der Sender nicht gemeint hat.

491) Der Sachinhalt einer Nachricht beantwortet die Frage: „Was erwartet der Sender von mir?"

492) Schulz von Thuns Modell kann helfen, Kommunikationsstörungen besser zu verstehen und zu beheben.

493) Eine erfolgreiche Teamarbeit setzt voraus, dass Aufgaben gerecht auf alle Mitglieder verteilt werden.

494) Es ist ausreichend, wenn nur der Teamleiter über den Stand der Arbeit informiert wird.

495) Teammitglieder sollen ihre Meinung offen äußern und die Meinungen der anderen respektieren.

496) Persönliche Kritik fördert die Konfliktlösung und ist deshalb in der Teamarbeit besonders wichtig.

497) Bei Konflikten im Team sollte deren Lösung Vorrang vor der weiteren Bearbeitung der Aufgaben haben.

498) Kommunikationsprobleme können eine Ursache für Konflikte im Arbeitsumfeld sein.

499) Bei Konflikten ist es nicht notwendig, die beteiligten Parteien zu benennen, solange die Ursache klar ist.

500) Hierarchiekonflikte entstehen beispielsweise durch Machtkämpfe zwischen Mitarbeitenden.

501) Ein Wertekonflikt kann entstehen, wenn Kollegen unterschiedliche Vorstellungen von Ordnung am Arbeitsplatz haben.

502) Bei Koordinationskonflikten liegen meist widersprüchliche Anweisungen verschiedener Führungskräfte vor.

503) Der Konfliktstil „Zusammenarbeit" zielt auf ein beiderseitiges Gewinnen (Win-Win) ab.

504) Persönliche und soziale Konflikte sind in der Regel unlösbar und sollten vermieden werden.

505) Konfliktparteien können auch ganze Abteilungen oder das gesamte Unternehmen sein.

506) Die Klärung von Konfliktursachen ist ein nachgelagerter Schritt im Konfliktmanagementprozess und erfolgt nach der Maßnahmenergreifung.

507) Kreativität bedeutet, schöpferisch tätig zu sein und Neues zu schaffen.

508) Brainstorming lebt davon, dass Ideen sofort bewertet und gefiltert werden.

509) Beim Brainstorming gilt das Prinzip: Quantität vor Qualität.

510) Beim Brainwriting werden Ideen mündlich in einer Gruppe diskutiert.

511) Brainwriting ist besonders gut für zurückhaltende Personen geeignet.

512) Die Methode 635 sieht vor, dass sechs Personen jeweils fünf Ideen in drei Minuten sammeln.

513) Bei der Methode 635 inspirieren sich die Teilnehmenden gegenseitig, indem sie Ideen weiterentwickeln.

514) Mindmapping dient der strukturierten Analyse von Verkaufszahlen.

515) Eine Mindmap hilft dabei, Gedanken frei zu entfalten und Themen zu visualisieren.

516) Eine Mindmap enthält ausschließlich Text und keine visuellen Elemente.

517) Der morphologische Kasten ist eine Methode zur systematischen Kombination von Lösungsansätzen.

518) Beim morphologischen Kasten wird eine Matrix gebildet, in der man durch Kombination neue Lösungen entwickelt.

519) Bewertungstechniken dienen vor allem dazu, kreative Prozesse zu stören und einzuschränken.

520) Die Nutzwertanalyse hilft dabei, verschiedene Alternativen anhand festgelegter Kriterien systematisch zu bewerten.

521) Bei der Nutzwertanalyse sind rein subjektive Eindrücke die einzige Bewertungsgrundlage.

522) Die Nutzwertanalyse ermöglicht eine objektivere Entscheidung bei komplexen Fragestellungen.

523) Kreativitätstechniken und Bewertungstechniken verfolgen immer denselben Zweck und sind vollständig austauschbar.

524) Kreativitätstechniken dienen der Ideenfindung, Bewertungstechniken der Auswahl und Entscheidung.

525) Die Kombination von Kreativitäts- und Bewertungstechniken kann zu fundierteren Entscheidungen führen.

Produktsortierung und -auswahl

Hier werden deine Kenntnisse zur Gestaltung und Zusammenstellung von Sortimenten geprüft. Die Aussagen testen dein Wissen über den Sortimentsaufbau und die Bedeutung von Warenkenntnissen sowie verschiedene Verkaufsformen. Warenkennzeichnungen sowie der Unterschied zwischen Herstellermarken und Handelsmarken runden dieses Kapitel ab.

Richtig oder falsch?

526) Das Sortiment umfasst alle Waren und Dienstleistungen, die ein Einzelhändler anbietet.

527) Eine Sortimentspyramide besteht u.a. aus Warengruppe, Warenart, Artikel und Sorte.

528) Eine „Sorte" beschreibt z. B. eine bestimmte Marke oder Verpackungsgröße eines Artikels.

529) Ein „breites Sortiment" bedeutet, dass viele Artikel innerhalb einer Warengruppe angeboten werden.

530) Ein „schmales Sortiment" ist auf wenige Warengruppen beschränkt.

531) Ein „tiefes Sortiment" bietet eine große Auswahl an Artikeln innerhalb einer Warengruppe.

532) Ein „flaches Sortiment" zeichnet sich durch eine hohe Artikelanzahl über viele Warengruppen hinweg aus.

533) Das Kernsortiment umfasst typische, ganzjährig angebotene Artikel mit hohem Umsatzanteil.

534) Das Randsortiment ergänzt das Kernsortiment mit typischen Waren der gleichen Branche.

535) Saisonartikel wie Osterhasen gehören zum Saisonsortiment.

536) Ein Auslaufsortiment umfasst Artikel, die dauerhaft ins Sortiment aufgenommen werden.

537) Probesortimente dienen dazu, neue Produkte testweise ins bestehende Sortiment aufzunehmen.

538) Die Sortimentsgestaltung richtet sich in erster Linie nach der aktuellen Lagerkapazität des Händlers.

539) Die Sortimentsgestaltung im Einzelhandel orientiert sich maßgeblich an den Bedürfnissen der Kundinnen und Kunden.

540) Die Sortimentspyramide beginnt mit der Branche und wird in weitere Stufen wie Warengruppe, Artikel und Sorte unterteilt.

541) Die Stufe „Sorte" in der Sortimentspyramide bezieht sich nur auf den Hersteller des Produkts.

542) Die „Warenart" gruppiert Artikel mit ähnlicher Verwendung oder Zusammensetzung.

543) Die Stufe „Artikel" in der Sortimentspyramide beschreibt ein sehr allgemeines Produkt wie „Getränk".

544) Die Sortimentspyramide hilft, das Warensortiment systematisch zu strukturieren.

545) Ein breites Sortiment umfasst viele verschiedene Warengruppen.

546) Ein flaches Sortiment bietet viele verschiedene Artikel innerhalb einer Warengruppe.

547) Ein Fachgeschäft mit Spezialisierung auf Schreibwaren hat in der Regel ein schmales, aber tiefes Sortiment.

548) Ein tiefes Sortiment bedeutet, dass innerhalb einer Warengruppe nur wenige Produkte zur Auswahl stehen.

549) Ein Warenhaus hat typischerweise ein breites Sortiment, weil es viele unterschiedliche Warengruppen anbietet.

550) Das Kernsortiment umfasst Artikel, die das ganze Jahr über verkauft werden und den Hauptumsatz bringen.

551) Das Randsortiment enthält ausschließlich Waren aus dem Hauptsortiment, die besonders oft verkauft werden.

552) Saisonsortimente enthalten Produkte, die nur zu bestimmten Zeiten im Jahr angeboten werden, z. B. Weihnachtsgebäck.

553) Auslaufsortimente bestehen aus Restbeständen, die aus dem Verkauf genommen werden sollen.

554) Probesortimente beinhalten neue Artikel, die dauerhaft ins Sortiment aufgenommen wurden.

555) Ziel der Sortimentsplanung ist es, sich an den Bedürfnissen der Kundinnen und Kunden zu orientieren.

556) Die Sortimentsbereinigung umfasst die Aufnahme neuer Produkte, um das Sortiment zu erweitern.

557) Bei einer Sortimentsvariation werden bestimmte Waren oder Warengruppen durch andere ersetzt.

558) Trading up bedeutet, das Sortiment qualitativ durch z. B. Markenartikel aufzuwerten.

559) Diversifikation bezeichnet die qualitative Verbesserung eines bestehenden Artikels.

560) Warenkenntnisse sind nur für das Verkaufsgespräch wichtig, nicht aber für Lagerung oder Warenpflege.

561) Kenntnisse über die Verwendungs- und Anwendungsmöglichkeiten von Waren helfen bei der Warenpräsentation.

562) Fundierte Warenkenntnisse tragen dazu bei, dass Kunden dem Verkaufspersonal vertrauen.

563) Die Warenkenntnis spielt bei der Beschaffung von Waren keine Rolle.

564) Gute Warenkenntnisse ermöglichen es dem Verkaufspersonal, überzeugende Verkaufsargumente zu formulieren.

565) Produktinformationen können sowohl aus innerbetrieblichen als auch außerbetrieblichen Quellen stammen.

566) Innerbetriebliche Produktschulungen helfen Verkäufern, Produktwissen gezielt zu vertiefen.

567) Messen und Ausstellungen sind typische innerbetriebliche Informationsquellen.

568) Kundenbeobachtungen und Rückmeldungen können wichtige Hinweise auf Produkteigenschaften liefern.

569) In der Selbstbedienung wählt die Kundschaft die Ware eigenständig aus, ohne Beratung durch Verkaufspersonal.

570) In der Vorwahlform ist eine Beratung durch das Verkaufspersonal grundsätzlich ausgeschlossen.

571) Die Vollbedienung eignet sich besonders für hochwertige und beratungsintensive Waren.

572) Bei der Vorwahl haben Kunden keinen freien Zugang zu den Waren und benötigen Hilfe beim Zugriff.

573) In der Selbstbedienung besteht die Hauptaufgabe des Verkaufspersonals in der Warenpflege und dem Kassieren.

574) Warenkennzeichnungen geben Auskunft über Qualität, Inhalt, Umweltverträglichkeit und mögliche Gesundheitsauswirkungen eines Produkts.

575) Das GS-Zeichen gehört zu den Umweltzeichen für besonders ressourcenschonende Produkte.

576) Gütezeichen sind gemeinschaftliche Zeichen verschiedener Hersteller gleichartiger Produkte.

577) Markenkennzeichen wie Logos zeigen in der Regel eine gleichbleibende Produktqualität an.

578) Das Fairtrade-Siegel ist ein Beispiel für ein gesetzliches Prüfzeichen im Bereich Produktsicherheit.

579) Herstellermarken sind Eigenmarken des Handels und meist günstiger als Handelsmarken.

580) Handelsmarken werden vom Handel selbst entwickelt und bieten oft ähnliche Qualität wie Herstellermarken zu günstigeren Preisen.

581) Handelsmarken wie „ja!" oder „Gut & Günstig" dienen unter anderem der Kundenbindung an Handelsketten.

582) Herstellermarken sind oft im unteren Preissegment angesiedelt und haben bei Kunden ein eher schwaches Image.

583) Handelsmarken ermöglichen es Händlern, ein eigenes, unverwechselbares Sortiment aufzubauen und sich von Markenherstellern unabhängig zu machen.

Kundenberatung und Verkaufstechniken

Dieses Kapitel testet das Herzstück der Einzelhandelstätigkeit. Die Aussagen prüfen dein Wissen über kundenorientiertes Verkaufen, Kaufmotive und verschiedene Kundengruppen. Der systematische Aufbau von Verkaufsgesprächen, effektive Kommunikationstechniken und der professionelle Umgang mit Kundeneinwänden werden ebenso getestet wie Instrumente der Kundenbindung und der Verkauf zusätzlicher Waren.

Richtig oder falsch?

584) Der Einzelhandel befindet sich heute eher in einem Verkäufermarkt, in dem das Angebot die Nachfrage bestimmt.

585) Kundenorientierung zeigt sich auch im Verhalten gegenüber Mitarbeitenden und Lieferanten.

586) Kundenorientiertes Verhalten beeinflusst unter anderem die Sortimentsgestaltung, Serviceleistungen und Preisgestaltung.

587) Gute Verkäuferinnen und Verkäufer benötigen ausschließlich Produktkenntnisse, um erfolgreich zu sein.

588) Kundenorientierte Verkäufer bauen eine positive Beziehung zur Kundschaft auf und beraten individuell.

589) Ein ungepflegtes Erscheinungsbild hat keinen Einfluss auf den Verkaufserfolg, solange der Preis stimmt.

590) Ein freundliches und engagiertes Auftreten gehört zu den Rollenerwartungen, die Kunden an Verkaufspersonal haben.

591) Das Leitbild eines Einzelhandelsgeschäfts beeinflusst weder das Verhalten der Mitarbeitenden noch das Unternehmensimage.

592) Selbstbeherrschung und Einfühlungsvermögen sind wichtige Eigenschaften im Kundenkontakt.

593) Der Einzelhandel orientiert sich heute zunehmend an den Bedürfnissen der Kundschaft, nicht mehr ausschließlich am Warenangebot.

594) Preis allein entscheidet über den Erfolg eines Einzelhandelsunternehmens, Service spielt dabei keine Rolle.

595) Das Leitbild eines Unternehmens beeinflusst sowohl das Kundenverhalten als auch das Erscheinungsbild des Unternehmens selbst.

596) Kundenorientierung betrifft nur den direkten Verkauf und nicht andere Unternehmensbereiche wie Sortiment oder Kommunikation.

597) Ein kundenorientiertes Verhalten ist eine Reaktion auf steigende Ansprüche und einen intensiveren Wettbewerb im Einzelhandel.

598) Verkäufer benötigen neben Warenkenntnissen auch die Fähigkeit, kundenorientierte Verkaufsgespräche zu führen.

599) Ein gepflegtes Äußeres, Freundlichkeit und Einfühlungsvermögen gehören zu den Erwartungen der Kundschaft an Verkaufspersonal.

600) Nur das Produktwissen entscheidet darüber, ob ein Verkauf erfolgreich ist – persönliche Wirkung ist zweitrangig.

601) Selbstbeherrschung und Höflichkeit zählen zu den grundlegenden Verhaltensanforderungen im Kundenkontakt.

602) Das Erscheinungsbild eines Verkäufers hat keinen Einfluss auf die Wahrnehmung des Unternehmens durch die Kundschaft.

603) Kaufmotive sind rationale Überlegungen, die ausschließlich auf den Preis abzielen.

604) Kaufmotive können verstandesmäßig oder gefühlsmäßig sein.

605) Ein Beispiel für ein verstandesmäßiges Motiv ist die Zweckmäßigkeit eines Produkts.

606) Kunden kaufen Produkte nur, wenn sie über deren technische Details umfassend informiert sind.

607) Erlebnisdrang ist ein gefühlsmäßiges Kaufmotiv.

608) Umweltbewusstsein zählt zu den verstandesmäßigen Kaufmotiven.

609) Prestige ist ein gefühlsmäßiges Kaufmotiv.

610) Kaufmotive wirken nie gleichzeitig, sondern immer isoliert.

611) Kundengruppen unterscheiden sich unter anderem nach Geschlecht und Alter.

612) Männer interessieren sich im Durchschnitt häufiger für Technikprodukte.

613) Frauen kaufen grundsätzlich nur preisgünstige Produkte.

614) Kinder sollten im Verkaufsgespräch stets wie Erwachsene behandelt werden.

615) Jugendliche legen häufig Wert auf Trend, Preis und Unabhängigkeit.

616) Ältere Menschen legen oft besonderen Wert auf Beratung und Sicherheit.

617) Bei Menschen mit körperlichen Einschränkungen ist Geduld und klare Sprache im Verkauf wichtig.

618) Menschen mit Migrationshintergrund sollten im Verkaufsgespräch vermieden werden.

619) Die Ansprache von Menschen mit Migrationshintergrund erfordert kulturelles Feingefühl.

620) Erfolgreiche Kommunikation beginnt mit aktiver Zuhörbereitschaft.

621) Gestik, Mimik und Körperhaltung spielen bei der Kundenkommunikation keine Rolle.

622) Offene Körperhaltung signalisiert Gesprächsbereitschaft.

623) Blickkontakt ist eine wichtige Form der nonverbalen Kommunikation.

624) Monotone Stimme und unfreundlicher Tonfall fördern ein gutes Kundengespräch.

625) Freundlicher Umgangston und passende Sprachwahl sind Erfolgsfaktoren im Verkaufsgespräch.

626) Verkäufer dürfen im Gespräch keine Fragen stellen, um Kunden nicht zu stören.

627) Fragen dienen dazu, Bedürfnisse der Kunden besser zu verstehen.

628) Offene Fragen regen die Kundschaft zu ausführlicheren Antworten an.

629) Geschlossene Fragen sind für den Gesprächseinstieg besonders geeignet.

630) Ein erfolgreiches Verkaufsgespräch basiert auf einer Kombination aus Fragen, Zuhören und passenden Argumenten.

631) Kommunikationsfehler entstehen nur durch technische Störungen.

632) Vorurteile und Missverständnisse können eine sachliche Kommunikation erschweren.

633) Kundenorientierung bedeutet, sich an die Bedürfnisse der Kunden anzupassen.

634) Erfolgreiche Kommunikation basiert ausschließlich auf guten Sprachkenntnissen.

635) Auch Menschen mit Sprachbarrieren können durch einfache Sprache und Gestik erreicht werden.

636) Ehrlichkeit ist eine Grundlage für vertrauensvolle Kundengespräche.

637) Unaufmerksamkeit und Desinteresse fördern die Kundenbindung.

638) Die Kommunikationsfähigkeit ist eine der wichtigsten sozialen Kompetenzen im Einzelhandel.

639) Verkäufer dürfen nur auf Fragen antworten, keine Informationen aktiv anbieten.

640) Beratungsgespräche sollten immer individuell auf die Kundschaft abgestimmt sein.

641) Kunden sollten möglichst schnell und ohne weitere Rückfragen zum Kauf gedrängt werden.

642) Verständnisfragen zeigen Interesse und helfen, Missverständnisse zu vermeiden.

643) Erfolgreiche Kommunikation endet mit einem ehrlichen Dank und freundlichem Abschied.

644) Kundenorientiertes Verhalten endet nach dem Verkaufsabschluss.

645) Beschwerden sollten ernst genommen und als Chance zur Verbesserung genutzt werden.

646) Reklamationen stören den Betriebsablauf und sollten vermieden werden, indem man sie ignoriert.

647) Zufriedene Kunden kommen wieder und empfehlen das Geschäft weiter.

648) Verkaufsdruck ist ein effektives Mittel zur Kundengewinnung.

649) Eine gute Gesprächsatmosphäre ist Grundlage für eine gelungene Kommunikation.

650) Verkäufer sollten die Körpersprache der Kundschaft aufmerksam beobachten, um deren Reaktionen besser einschätzen zu können.

651) In der Kundenkommunikation ist es ausreichend, nur auf verbale Aussagen zu achten.

652) Jeder Kunde sollte mit Respekt und Wertschätzung behandelt werden.

653) Kommunikationsverhalten hat keinen Einfluss auf das Image des Unternehmens.

654) Eine positive Grundeinstellung und Offenheit tragen zu erfolgreicher Kommunikation bei.

655) Kaufmotive sind persönliche Beweggründe, die Kunden zum Kauf veranlassen.

656) Es wirkt immer nur ein einziges Kaufmotiv bei der Kaufentscheidung.

657) Kaufmotive lassen sich in verstandesmäßige und gefühlsmäßige Motive unterteilen.

658) Wirtschaftlichkeit und Zweckmäßigkeit sind Beispiele für gefühlsmäßige Kaufmotive.

659) Erlebnisdrang und Sicherheitsbedürfnis zählen zu den gefühlsmäßigen Motiven.

660) Sparsamkeit ist ein rationales Kaufmotiv.

661) Gesundheit, Umweltbewusstsein und Bildung können verstandesmäßige Kaufmotive sein.

662) Prestigedenken zählt zu den verstandesmäßigen Motiven, weil es mit Status zu tun hat.

663) Kunden kaufen keine Produkte, sondern versuchen, damit Bedürfnisse zu erfüllen.

664) Der Kauf eines Bio-Produkts ist immer ausschließlich durch Umweltbewusstsein motiviert.

665) Zeit- und Arbeitsersparnis ist ein Beispiel für ein verstandesmäßiges Kaufmotiv.

666) Das dominante Kaufmotiv sollte in einem Verkaufsgespräch erkannt und angesprochen werden.

667) Ein Kunde, der eine Alarmanlage kauft, könnte durch das Motiv Sicherheit/Geborgenheit geleitet sein.

668) Die Kenntnis von Kaufmotiven ist für Verkaufsgespräche irrelevant.

669) Ein Verkaufsgespräch beginnt mit der Begrüßung und dem Kontaktaufbau zur Kundschaft.

670) Die Bedarfsermittlung dient dazu, die genauen Wünsche und Anforderungen der Kundschaft zu klären.

671) Die Produktpräsentation erfolgt am besten, bevor der Bedarf der Kundschaft bekannt ist.

672) Argumente im Verkauf sollten sich an den ermittelten Kaufmotiven orientieren.

673) Die Einwandbehandlung ist Teil des Verkaufsgesprächs und sollte ignoriert werden, um den Abschluss nicht zu gefährden.

674) Der Verkaufsabschluss ist der letzte Schritt im Gespräch und sollte freundlich und verbindlich gestaltet werden.

675) Eine aktive Verabschiedung der Kundschaft ist nicht notwendig, da der Kauf bereits abgeschlossen ist.

676) Nach dem Gespräch kann ein Zusatzverkauf oder eine Serviceempfehlung erfolgen, sofern sie zum Bedarf passt.

677) Die Reihenfolge eines Verkaufsgesprächs ist beliebig und sollte je nach Tageszeit variieren.

678) Nonverbale Signale wie Körperhaltung und Mimik beeinflussen die Wirkung eines Verkaufsgesprächs maßgeblich.

679) Ein freundlicher Tonfall ist ebenso wichtig wie die Wortwahl im Kundengespräch.

680) Blickkontakt wird von den meisten Kunden als Zeichen von Aufmerksamkeit und Interesse wahrgenommen.

681) Die Körpersprache hat keinen Einfluss auf das Vertrauen, das Kunden dem Verkaufspersonal entgegenbringen.

682) Ein verschränkter Arm kann als abweisendes Signal interpretiert werden.

683) Zu einer klaren verbalen Kommunikation gehören vollständige Sätze und verständliche Ausdrucksweise.

684) Nonverbale Kommunikation kann sprachliche Aussagen unterstützen oder ihnen sogar widersprechen.

685) Verkaufsmitarbeitende müssen im Gespräch ausschließlich auf die Worte achten – Körpersprache ist im Verkauf irrelevant.

686) Ein Lächeln kann im Kundengespräch eine positive Atmosphäre schaffen und Vertrauen aufbauen.

687) Aktives Zuhören bedeutet, aufmerksam zuzuhören und dem Gesprächspartner durch Rückmeldungen zu signalisieren, dass man ihn versteht.

688) Suggestivfragen sind besonders geeignet, um ehrliche Kundenmeinungen zu erhalten.

689) Offene Fragen regen Kunden dazu an, ausführlich über ihre Wünsche und Vorstellungen zu sprechen.

690) Gesprächspausen sollten vermieden werden, da sie Unsicherheit erzeugen.

691) Eine gezielte Gesprächsführung kann dazu beitragen, Missverständnisse zu vermeiden und das Verkaufsgespräch zielgerichtet zu lenken.

692) Offene Fragen beginnen oft mit „Wie", „Was", „Warum" und regen die Kundschaft zu ausführlicheren Antworten an.

693) Geschlossene Fragen eignen sich besonders gut zur Bedarfsermittlung am Anfang eines Gesprächs.

694) Alternativfragen geben der Kundschaft eine Auswahlmöglichkeit und helfen beim Verkaufsabschluss.

695) Suggestivfragen beeinflussen die Kunden in ihrer Antwort und sollten im Verkaufsgespräch vermieden werden.

696) Entscheidungsfragen sind ungeeignet, um einen Kaufabschluss einzuleiten.

697) Kontrollfragen dienen dazu, den Wissensstand oder das Verständnis der Kundschaft abzufragen.

698) Eine gute Mischung aus offenen und geschlossenen Fragen fördert ein ausgewogenes Verkaufsgespräch.

699) Bei Alternativfragen sollte stets eine dritte Antwortmöglichkeit vorgegeben werden.

700) Durch gezieltes Fragen kann das Verkaufspersonal auf individuelle Kundenbedürfnisse besser eingehen.

701) Einwände von Kunden sollten ernst genommen und nicht übergangen werden.

702) Kundeneinwände sind immer negativ und dürfen im Verkaufsgespräch nicht zugelassen werden.

703) Ein sachlicher und ruhiger Umgang mit Einwänden stärkt das Vertrauen der Kundschaft.

704) Die beste Reaktion auf einen Einwand ist es, den Kunden sofort zu unterbrechen und das Produkt erneut anzupreisen.

705) Einwände bieten die Chance, zusätzliche Informationen zu geben und mögliche Missverständnisse zu klären.

706) Kundenkarten, Rabattsysteme und Bonusprogramme zählen zu den klassischen Instrumenten der Kundenbindung.

707) Kundenbindung ist ausschließlich Aufgabe der Marketingabteilung und hat nichts mit dem Verkaufspersonal zu tun.

708) Freundliche Beratung, Zuverlässigkeit und Kulanz bei Reklamationen fördern die Kundenbindung nachhaltig.

709) Kundenbindungsmaßnahmen lohnen sich nur bei Stammkunden, nicht bei Gelegenheitskäufern.

710) Persönliche Ansprache und aufmerksamer Service tragen dazu bei, dass Kunden gerne wiederkommen.

711) Zusatzverkäufe können dem Kunden helfen, Zeit, Geld und Ärger zu sparen.

712) Funktionsnotwendige Artikel sind solche, die ohne den Hauptartikel gar nicht nutzbar sind.

713) Entdeckte Ergänzungsartikel stehen in direktem funktionalem Zusammenhang mit dem Hauptprodukt.

714) Alternativartikel müssen sich im Preis deutlich vom ursprünglich gewünschten Artikel unterscheiden, damit der Kunde Alternativen erkennt.

715) Ersatzangebote betreffen meist Produkte, die der Kunde bereits kennt oder zuvor verwendet hat.

716) Ergänzungsartikel können dem Kunden helfen, den Hauptartikel sinnvoll zu nutzen oder dessen Funktion zu erweitern.

717) Ein Ladegerät für ein Smartphone ist ein typisches Beispiel für einen entdeckten Ergänzungsartikel.

718) Funktionsnotwendige Artikel sind solche, ohne die der Hauptartikel nicht verwendet werden kann, z. B. Batterien für Radiowecker.

719) Entdeckte Ergänzungsartikel ergeben sich meist spontan im Gespräch und stehen in keinem unmittelbaren Zusammenhang zum Hauptartikel.

720) Zusatzverkäufe dienen nur der Umsatzsteigerung des Betriebs, bringen der Kundschaft aber keine Vorteile.

721) Alternativartikel werden angeboten, wenn die gewünschte Ware nicht vorrätig ist oder nicht geführt wird.

722) Ein Alternativartikel sollte sich grundsätzlich deutlich in Qualität und Zweck vom ursprünglichen Artikel unterscheiden.

723) Ziel des Alternativangebots ist es, dennoch zu einem Verkaufsabschluss zu kommen.

724) Ein Alternativartikel sollte möglichst gleichwertig in Preis, Zweck und Qualität zur ursprünglich gewünschten Ware sein.

725) Wenn ein Kunde einen bestimmten Artikel verlangt, sollte kein Alternativvorschlag gemacht werden, um Missverständnisse zu vermeiden.

726) Ersatzangebote beziehen sich auf Waren, die Kunden bereits besitzen oder genutzt haben.

727) Der Verkauf von Ersatzangeboten erfolgt ausschließlich bei neuen Kunden, um das Sortiment zu bewerben.

728) Ersatzglühlampen für eine defekte Leuchte sind ein typisches Beispiel für ein Ersatzangebot.

729) Ersatzangebote stehen in keinem Zusammenhang zur ursprünglichen Ware der Kundschaft.

730) Ziel eines Ersatzangebots ist es, dem Kunden eine passende Alternative für ein nicht mehr verfügbares, bereits bekanntes Produkt zu bieten.

731) Beschwerden sind eine Chance zur Verbesserung der Qualität und zur Kundenbindung.

732) Kundenbeschwerden sollten möglichst schnell abgewimmelt werden, um keine Aufmerksamkeit zu erregen.

733) Zu den häufigsten Beschwerdegründen zählen fehlerhafte Ware, mangelhafte Beratung oder Kassenfehler.

734) Beschwerden müssen nicht auf ihre Berechtigung geprüft werden – der Kunde hat immer Recht.

735) Ein Gespräch mit der unzufriedenen Kundschaft sollte in einer ruhigen Umgebung ohne Zuhörer stattfinden.

736) Die rechtliche Situation wie Garantie oder Gewährleistung sollte bei Reklamationen berücksichtigt werden.

737) Auch unberechtigte Reklamationen müssen immer vollständig erfüllt werden, um Ärger zu vermeiden.

738) Ein Dank für das Verständnis und eine Entschuldigung bei berechtigter Reklamation gehören zu einem kundenfreundlichen Umgang.

739) Beschwerden haben keinen Einfluss auf die langfristige Kundenzufriedenheit.

740) Kundenbeschwerden ermöglichen es dem Einzelhandel, betriebliche Schwachstellen zu erkennen und zu verbessern.

741) Bei Beschwerden sollte der Kunde möglichst öffentlich widersprochen werden, um Transparenz zu zeigen.

742) Eine ruhige Umgebung ohne Zuhörer ist ideal für die Bearbeitung von Beschwerden.

743) Reklamationen müssen immer angenommen werden – unabhängig von ihrer Berechtigung oder den gesetzlichen Fristen.

744) Wenn eine Reklamation berechtigt ist, sollte der Wunsch erfüllt, Verständnis gezeigt und eine Entschuldigung ausgesprochen werden.

745) Ein gesetzlicher Anspruch auf Umtausch besteht nur bei mangelhafter Ware.

746) Der Umtausch von fehlerfreier Ware ist eine freiwillige Serviceleistung des Einzelhändlers.

747) Kunden haben grundsätzlich das Recht, auch benutzte und beschädigte Ware jederzeit umzutauschen.

748) Ein Umtausch ohne Kassenbon ist gesetzlich vorgeschrieben, solange der Kunde glaubhaft macht, das Produkt dort gekauft zu haben.

749) Ein kundenfreundliches Umtauschverhalten kann zur langfristigen Kundenbindung beitragen.

Kassensystem und Zahlungsabwicklung

Hier wird dein Wissen über einen der wichtigsten Arbeitsbereiche im Einzelhandel geprüft. Die Aussagen testen deine Kenntnisse der verschiedenen Zahlungsmöglichkeiten und Preisnachlässe sowie kundenorientiertes Verhalten an der Kasse. Auch die ordnungsgemäße Kassenabrechnung und der Umgang mit Falschgeld werden abgefragt.

Richtig oder falsch?

750) Vor dem Kassieren sollten ausreichend Wechselgeld, Verpackungsmaterial und Quittungen bereitgestellt werden.

751) Die Kassieranweisungen sind in allen Einzelhandelsbetrieben gesetzlich einheitlich geregelt.

752) Um Kassendifferenzen zu vermeiden, sollte das Geld der Kundschaft laut gezählt und auf Echtheit geprüft werden.

753) Der Kassenbon darf sofort nach dem Einscannen der Artikel übergeben werden – der Zahlungsvorgang ist dabei nebensächlich.

754) Beim Verlassen des Arbeitsplatzes muss die Kasse verschlossen werden.

755) Barzahlung ist nach wie vor eine gängige und sofort wirksame Zahlungsart im Einzelhandel.

756) Bei Barzahlung hat der Käufer ein gesetzliches Rückgaberecht, auch wenn die Ware fehlerfrei ist.

757) EC-Karten-Zahlung wird in Deutschland als „Zahlung mit Girocard" bezeichnet.

758) Die Zahlung mit Kreditkarte erfolgt immer ohne Unterschrift oder PIN.

759) Elektronische Zahlungssysteme bieten für Kundschaft und Handel Vorteile, z. B. Sicherheit und Schnelligkeit.

760) Bei Zahlung mit Karte besteht für den Händler immer sofortige Zahlungsgarantie.

761) Mobile Zahlungen (z. B. mit Smartphone oder Smartwatch) gehören zu den modernen Zahlungsmethoden.

762) Gutscheine gelten als Zahlungsmittel und müssen wie Bargeld behandelt werden.

763) Geschenkgutscheine sind immer unbegrenzt gültig und können nicht verfallen.

764) Beim Kauf mit einer Kundenkarte wird der Betrag meist vom Girokonto abgebucht.

765) Ratenkauf zählt zu den bargeldlosen Zahlungen und erfordert in der Regel einen Kreditvertrag.

766) Rechnungszahlung im Einzelhandel ist üblich und risikofrei für den Händler.

767) Bei Rückerstattungen ist dieselbe Zahlungsmethode zu wählen, die beim Kauf verwendet wurde.

768) Der Einzelhändler entscheidet selbst, welche Zahlungsmethoden er akzeptiert.

769) Barzahlung ist die einzige Zahlungsform, bei der der Betrag sofort und endgültig den Besitzer wechselt.

770) Der Kassenbon muss bei Barzahlung nicht ausgehändigt werden, wenn der Kunde nicht ausdrücklich danach fragt.

771) Das Wechselgeld sollte laut und deutlich ausgezählt werden, um Missverständnisse zu vermeiden.

772) Kassendifferenzen bei Barzahlung entstehen oft durch Nachlässigkeit oder fehlende Kontrolle beim Geldwechsel.

773) Bei Barzahlung ist eine Prüfung auf Falschgeld nicht notwendig, da Falschgeld in Deutschland kaum vorkommt.

774) Geschenkgutscheine sind eine Form der Zahlungsmöglichkeit und werden beim Bezahlen wie Bargeld behandelt.

775) Gutscheine dürfen nur an dem Tag eingelöst werden, an dem sie ausgestellt wurden.

776) Bei der Einlösung eines Gutscheins kann auch ein Restwert bestehen bleiben, der dokumentiert oder erneut ausgezahlt werden muss.

777) Wenn ein Kunde einen Coupon einlöst, ist kein Kassenbon notwendig.

778) Bei allen Kartenzahlungsverfahren erfolgt die Zahlung bargeldlos.

779) Bei der Zahlung mit Girocard ist keine PIN-Eingabe erforderlich.

780) Das Kreditinstitut garantiert bei Girocard-Zahlungen die Gutschrift auf dem Händlerkonto.

781) Die Geldkarte muss an speziellen Terminals aufgeladen werden und ermöglicht Zahlungen bis 200 €.

782) Der Betrag einer Geldkartenzahlung wird direkt vom Bankkonto abgebucht.

783) Kreditkarten ermöglichen weltweite bargeldlose Zahlungen bei allen Vertragsunternehmen der Kartenorganisationen.

784) Einzelhändler erhalten bei Kreditkartenzahlung den vollständigen Betrag ohne Gebühren oder Provisionsabzüge.

785) Kundenkarten dienen hauptsächlich der Kundenbindung und ermöglichen Zahlungen nur beim ausgebenden Unternehmen.

786) Bei Kundenkarten erfolgt die Abbuchung vom Konto in der Regel sofort nach dem Einkauf.

787) Preisnachlässe können in Form von Rabatten, Sonderangeboten oder Aktionspreisen gewährt werden.

788) Ein Preisnachlass darf auch nach dem Kassenvorgang ohne Rücksprache mit dem Vorgesetzten eigenmächtig gewährt werden.

789) Mitarbeitende dürfen Preisnachlässe nur im Rahmen der im Unternehmen festgelegten Richtlinien gewähren.

790) Rabattaktionen müssen immer deutlich sichtbar ausgezeichnet und für alle Kunden nachvollziehbar sein.

791) Preisnachlässe dürfen im Einzelhandel ohne rechtliche Grundlage nach Belieben variiert werden.

792) Die Kassierkraft ist häufig der letzte Kontakt zur Kundschaft und prägt den Eindruck vom Unternehmen mit.

793) Es reicht, wenn sich die Kassierkraft auf das Einscannen der Ware konzentriert – ein „Danke" ist nicht nötig.

794) Ein freundlicher Blickkontakt und eine persönliche Ansprache können das Kauferlebnis positiv abrunden.

795) Diskussionen bei Reklamationen sollten im Kassenbereich geführt werden, um andere Abteilungen zu entlasten.

796) Ein kundenorientierter Umgang an der Kasse beinhaltet auch das sorgfältige Behandeln der Ware und das Entfernen von Sicherheitsetiketten.

797) Die Kassierkraft prägt als letzte Kontaktperson entscheidend das Gesamtbild des Unternehmens beim Kunden.

798) Ein neutraler oder distanzierter Umgang an der Kasse hat keinen Einfluss auf die Kundenzufriedenheit.

799) Freundlicher Blickkontakt und eine persönliche Ansprache gehören zum kundenorientierten Verhalten an der Kasse.

800) Es ist nicht notwendig, sich für den Einkauf zu bedanken, da der Kaufvertrag bereits abgeschlossen ist.

801) Auch das sorgfältige Behandeln der Ware und das Entfernen von Sicherheitsetiketten zählen zum professionellen Kassenverhalten.

802) Diskussionen mit der Kundschaft über Umtausch oder Reklamation sollten im Kassenbereich möglichst vermieden werden.

803) Reklamationen sollten, wenn möglich, von der zuständigen Abteilung und nicht im Kassenbereich bearbeitet werden.

804) Bei Rückgabe mit Karte erfolgt automatisch eine Barauszahlung, auch wenn ursprünglich mit Karte gezahlt wurde.

805) Der Retour-Bon ist nur bei Barzahlungen erforderlich.

806) Rückgegebene Ware muss beim Einscannen an der Kasse dem Warenbestand wieder zugebucht werden.

807) Ein Kassenbericht dokumentiert die Einnahmen aus Barverkäufen und wird z. B. bei Personalwechsel oder Kassenschluss erstellt.

808) Der Kassenbericht ist nur erforderlich, wenn Unregelmäßigkeiten in der Kasse vermutet werden.

809) Der Kassenbericht liefert Informationen über Kassierzeiten, Umsatz oder die Anzahl der Stornos.

810) Kundenkennziffern wie die durchschnittliche Artikelanzahl pro Kunde gehören nicht in einen Kassenbericht.

811) Artikelkennziffern und Absatzzahlen können aus dem Kassenbericht abgeleitet werden.

812) Der Tageskassenbericht wird in der Regel am Ende der Woche erstellt, um den Aufwand zu reduzieren.

813) Der Tageskassenbericht ermöglicht eine tägliche Kontrolle des Kassenbestands.

814) Zum Tageskassenbericht gehört die Ermittlung des Kassenendbestands bei Geschäftsschluss.

815) Der Kassenbericht dient ausschließlich der Information des Kassenpersonals und ist für die Buchhaltung nicht relevant.

816) Der Kassenbericht dokumentiert Einnahmen und Ausgaben an der Kasse und wird z. B. bei Kassenwechsel oder -schluss erstellt.

817) Im Kassenbericht werden ausschließlich Bargeldeinnahmen, nicht aber Kartenzahlungen oder Gutscheine aufgeführt.

818) Ein korrekt geführter Kassenbericht dient auch der Kontrolle durch die Buchhaltung und ggf. der Finanzbehörde.

819) Der Kassenbericht enthält neben Umsätzen auch Informationen über Stornos und Kassierzeiten.

820) Kassenberichte sind optional und werden nur in großen Filialunternehmen benötigt.

821) Der Tageskassenbericht wird am Ende eines Verkaufstags erstellt und dokumentiert alle Kassenvorgänge des Tages.

822) Der Tageskassenbericht enthält keine Angaben über Stornos oder Zahlungsmethoden.

823) Der Tageskassenbericht ist eine wichtige Grundlage für die tägliche Buchführung im Einzelhandel.

824) Die Erstellung eines Tageskassenberichts kann beliebig verschoben werden, solange wöchentlich abgerechnet wird.

825) Im Tageskassenbericht werden auch die Zahlungsmittelarten wie Barzahlung, EC- und Kreditkartenzahlung gesondert ausgewiesen.

826) Ein Kassensturz ist eine unangekündigte Kassenkontrolle, die außerhalb der regulären Kassenabrechnung stattfindet.

827) Ziel eines Kassensturzes ist es, die Kundenfreundlichkeit beim Kassiervorgang zu überprüfen.

828) Ursachen für Kassendifferenzen können z. B. Falschgeld, Diebstahl oder falsches Herausgeben von Wechselgeld sein.

829) Kassen dürfen grundsätzlich offen bleiben, um bei einer Kontrolle leichter zugänglich zu sein.

830) Maßnahmen wie das laute Vorzählen des Wechselgelds oder das sofortige Schließen der Kasse nach jedem Vorgang helfen, Differenzen zu vermeiden.

831) Einzelhändler tragen bei Barzahlungen grundsätzlich das Risiko, Falschgeld zu erhalten.

832) Besonders häufig gefälscht werden 5-Euro-Scheine, da sie oft unauffällig wirken.

833) Zur Prüfung der Echtheit von Banknoten sollte man mehrere Sicherheitsmerkmale kontrollieren – nach dem Prinzip: Fühlen, Sehen, Kippen.

834) Elektronische Geräte zur Falschgelderkennung sind im Einzelhandel unüblich und gesetzlich verboten.

835) Große Banknoten bei kleinen Einkäufen können ein Hinweis auf einen möglichen Falschgeldversuch sein.

Produktpräsentation und Verkaufsförderung

In diesem Kapitel wird dein Wissen darüber getestet, wie Waren optimal präsentiert werden. Von der Verkaufsraumgestaltung über verschiedene Verkaufsformen bis hin zur strategischen Warenplatzierung werden alle wichtigen Aspekte abgefragt. Auch Schaufenstergestaltung und Visual Merchandising als moderne Präsentationstechniken werden geprüft.

Richtig oder falsch?

836) Eine verkaufsfördernde Raumgestaltung orientiert sich an den Bedürfnissen der Kundschaft.

837) Verkaufsraumgestaltung beschränkt sich ausschließlich auf die Warenplatzierung im Regal.

838) Ziel der Gestaltung ist unter anderem, die Verweildauer der Kundschaft zu verlängern.

839) Eine gute Verkaufsatmosphäre kann emotionale Kaufentscheidungen positiv beeinflussen.

840) Verkaufsraumgestaltung ist unabhängig von Betriebsform, Sortiment und Kundenverhalten.

841) Die äußere Gestaltung des Ladens, wie Fassade und Logo, vermittelt einen ersten Eindruck und beeinflusst die Wahrnehmung der Kundschaft.

842) Das Firmenlogo sollte möglichst komplex und einzigartig sein, damit es nicht mit anderen verwechselt wird.

843) Ein einheitliches Erscheinungsbild innen und außen stärkt die Wiedererkennbarkeit des Geschäfts.

844) Die Warenpräsentation spielt bei der Verkaufsraumgestaltung keine Rolle.

845) Verkaufsräume sollen auch so gestaltet sein, dass Ladendiebstahl erschwert wird.

846) Eine kundenfreundliche Anordnung der Warengruppen erleichtert den Einkauf.

847) Impulskäufe lassen sich durch gezielte Platzierung von Waren und gute Atmosphäre fördern.

848) Waren außerhalb des Geschäfts müssen nicht zur sonstigen Gestaltung passen.

849) Verkaufsraumgestaltung dient auch der internen Warenbewirtschaftung.

850) Bei der Vollbedienung gelangen Kunden nur mithilfe des Verkaufspersonals an die Ware.

851) In der Selbstbedienung orientiert sich die Warenplatzierung am Personal und nicht an der Kundschaft.

852) Die Vorwahl ist eine Mischform aus Vollbedienung und Selbstbedienung.

853) Ziel jeder Warenpräsentation ist es, die Ware möglichst unauffällig zu zeigen, um Diebstahl zu verhindern.

854) Bei der Vorwahl sollen Übersichtlichkeit und Informationsgehalt der Präsentation gezielt unterstützt werden, z. B. durch Gliederung.

855) Blick- und Griffzonen im Regal spielen eine entscheidende Rolle für die Kaufwahrscheinlichkeit eines Produkts.

856) Die beste Zone für Impulsartikel ist der Bodenbereich, da sie dort am meisten auffallen.

857) Die Präsentation der Ware soll verkaufsfördernd, übersichtlich und thematisch sinnvoll gegliedert sein.

858) Aktionsware wird häufig in Sonderplatzierungen wie Gondelköpfen oder Aktionsflächen präsentiert.

859) Kunden gehen im Laden grundsätzlich zufällig und ohne bevorzugte Wege – deshalb ist die Platzierung der Ware zweitrangig.

860) Das Schaufenster ist die Visitenkarte des Geschäfts und soll die Aufmerksamkeit der Passanten gezielt wecken.

861) Eine gute Schaufenstergestaltung fördert die Kundenfrequenz und kann Impulskäufe auslösen.

862) Die Schaufenstergestaltung ist unwichtig für den Umsatz, da die meisten Kunden gezielt ins Geschäft kommen.

863) Themenbezogene Dekorationen (z. B. Weihnachten, Frühling) steigern die Attraktivität eines Schaufensters.

864) Unordnung oder zu viele Artikel im Schaufenster fördern die Übersichtlichkeit und lenken gezielt die Aufmerksamkeit.

865) Visual Merchandising umfasst Maßnahmen wie Ladendekoration, Lichteffekte und Farbgestaltung zur gezielten Verkaufsförderung.

866) Ziel von Visual Merchandising ist es, die Kundschaft möglichst schnell durch den Laden zu schleusen.

867) Die Gestaltungselemente im Verkaufsraum sollen als zusammenhängendes Gesamtbild wahrgenommen werden.

868) Visual Merchandising spricht vor allem die rationale Seite der Kundschaft an, z. B. durch Preisschilder und Produktdaten.

869) Durch ansprechende Warenbilder soll die Verweildauer im Geschäft erhöht und Impulskäufe gefördert werden.

E-Commerce und Digitaler Verkauf

Hier werden deine Kenntnisse des wachsenden Bereichs des E-Commerce getestet. Die Aussagen prüfen dein Wissen über die rechtlichen Vorschriften im Onlinehandel und die Anforderungen an erfolgreiche Onlineshops sowie Onlinemarketing. Multi-Channel-Strategien, wichtige Kennziffern und moderne Zahlungsmöglichkeiten runden dieses zukunftsorientierte Kapitel ab.

Richtig oder falsch?

870) E-Commerce bezeichnet die elektronische Abwicklung von Geschäften über das Internet.

871) Onlineshops sind eine spezielle Form des stationären Handels.

872) Im E-Commerce können Endverbraucherinnen und -verbraucher Waren und Dienstleistungen online erwerben.

873) Die Geschäftsbeziehung zwischen Einzelhandel und Lieferanten wird als Business-to-Business (B2B) bezeichnet.

874) Beim Business-to-Consumer (B2C) handelt es sich um die Beziehung zwischen Einzelhandel und Endkunden.

875) Der Anteil des Onlinehandels am Gesamtumsatz des Einzelhandels wird laut Prognosen langfristig rückläufig sein.

876) Eine Studie der GfK sagt für den Onlinehandel ein stetiges Wachstum in den kommenden Jahren voraus.

877) Der Begriff E-Commerce umfasst ausschließlich B2B-Geschäfte.

878) Onlinehandel wird zunehmend als eigenständiger Vertriebskanal neben dem stationären Handel wahrgenommen.

879) Onlinehandel ermöglicht Kund*innen einen zeitlich und örtlich unabhängigen Einkauf.

880) Im Onlinehandel ist die Produktauswahl meist eingeschränkter als im stationären Handel.

881) Einzelhändler profitieren im Onlinehandel von geringeren Kosten durch Automatisierung.

882) Onlinehandel bietet keine Möglichkeit zur gezielten Kundenansprache durch Marketing.

883) Der Onlinehandel erlaubt dem Handel eine flexible und schnelle Reaktion auf Marktveränderungen.

884) Onlinehändler müssen ein Impressum auf ihrer Website bereitstellen.

885) Die Impressumspflicht gilt nur für gewerbliche Anbieter mit Sitz in Deutschland.

886) Bei Fernabsatzverträgen gelten zusätzliche Informationspflichten für den Händler.

887) Links auf rechtswidrige Inhalte anderer Seiten können eine Haftung für den Onlinehändler nach sich ziehen.

888) Die Angabe einer Telefonnummer im Impressum ist freiwillig.

889) Europäische Regelungen finden keine Anwendung auf grenzüberschreitende Onlineverkäufe.

890) Die Anbieterkennzeichnung nach dem Telemediengesetz umfasst u. a. auch die Umsatzsteuer-ID und den Handelsregistereintrag.

891) Die Impressumspflicht entfällt bei Verkäufen über soziale Netzwerke.

892) Verbraucher müssen über ihr Widerrufsrecht bei Onlinekäufen informiert werden.

893) Die Online-Streitbeilegung (OS-Plattform) muss im Impressum nicht erwähnt werden.

894) Fernabsatzverträge sind Verträge, die nur über Fernkommunikationsmittel zustande kommen.

895) Onlinehändler müssen Mitbewerbern keine Rücksicht auf gesetzliche Regelungen geben.

896) Alle Anbieter von Websites unterliegen der Anbieterkennzeichnungspflicht, unabhängig vom Geschäftsmodell.

897) Nur in Online-Shops mit über 100 Kunden im Monat gelten die rechtlichen Vorschriften des Telemediengesetzes.

898) Ein benutzerfreundliches Design umfasst unter anderem eine klare Navigation und intelligente Suchfunktionen.

899) Kunden sollten im Onlineshop möglichst viele Klicks benötigen, um ein Produkt zu finden.

900) Barrierefreiheit ist ein Ziel der Benutzerfreundlichkeit im Onlineshop.

901) Ein erfolgreicher Onlineshop benötigt keine Möglichkeiten zur Zwischenspeicherung von Produkten.

902) Gute Erreichbarkeit über mehrere Kommunikationskanäle ist ein Merkmal eines guten Kundenservices.

903) Schnelle Reaktionszeiten auf Kundenanfragen sind unwichtig für den Online-Erfolg.

904) Niedrige Versandkosten und faire Reklamationsabwicklung gehören zum Kundenservice im Onlineshop.

905) Der Einsatz von Verschlüsselungstechnologien dient der Sicherheit von Kundendaten und Zahlungen.

906) Ein Onlineshop muss keine Konkurrenzanalyse durchführen, um erfolgreich zu sein.

907) Onlinemarketing nutzt das Internet zur Umsetzung klassischer Marketingziele wie Kundengewinnung und Markenbildung.

908) Die Gestaltung der Website muss sich nicht an der Zielgruppe orientieren, solange das Design modern ist.

909) Eine suchmaschinenoptimierte Website trägt dazu bei, in den Suchergebnissen weiter oben zu erscheinen.

910) Die Optimierung der Website für Smartphones ist ein wichtiger Bestandteil des Websitemarketings.

911) Einheitliches Corporate Design spielt im Onlinemarketing keine Rolle, da jede Plattform einen eigenen Stil verlangt.

912) Multichannelhandel kombiniert stationären Handel mit Onlinevertrieb, um zusätzliche Vertriebskanäle zu erschließen.

913) Kund*innen nutzen in Multichannel-Strategien in der Regel nur einen einzigen Vertriebskanal pro Kaufprozess.

914) Ein Onlineshop kann auch den stationären Handel stärken, z. B. durch zusätzliche Kaufimpulse.

915) Multichannelhandel führt immer zu einer Verlagerung aller Käufe in den Onlinebereich.

916) Durch Multichannelstrategien kann der stationäre Einzelhandel neue Kund*innen gewinnen, z. B. durch Abholung bestellter Ware im Geschäft.

917) Kennzahlen helfen, Erfolge und Schwachstellen im Onlinemarketing messbar zu machen.

918) Es reicht aus, sich bei der Analyse auf eine einzelne Kennzahl zu konzentrieren.

919) Die Absprungrate zeigt, wie viele Besucher*innen nur eine einzige Seite besucht haben.

920) Die Conversion-Rate misst die Anzahl von Seitenaufrufen pro Besucher*in.

921) Vergleichswerte aus Vorjahren oder ähnlichen Branchen helfen, die Aussagekraft von Kennzahlen besser einzuordnen.

922) Die Auswahl an Zahlungsmethoden hat keinen Einfluss auf die Shopumsätze.

923) Kund*innen brechen Käufe häufiger ab, wenn ihre bevorzugte Zahlungsmethode nicht angeboten wird.

924) Die Zwei-Faktor-Authentifizierung ist seit 15.03.2021 verpflichtend beim Onlineshopping.

925) Zwei-Faktor-Authentifizierung erhöht die Sicherheit beim Onlineeinkauf.

926) Bei der Zwei-Faktor-Authentifizierung wird nur das Passwort abgefragt.

927) Die Akzeptanz eines Zahlungsmittels spielt keine Rolle bei der Auswahl der Zahlungsmethode im Shop.

928) Händler sollten auch die Kosten der Zahlungsabwicklung bei der Auswahl von Zahlungsmethoden berücksichtigen.

929) Verschiedene Zielgruppen bevorzugen unterschiedliche Zahlungsmethoden.

930) Die Produktart hat keinen Einfluss auf die geeignete Zahlungsart.

931) Kauf auf Rechnung ist für Händler besonders sicher, weil die Zahlung erst nach Warenerhalt erfolgt.

932) Kauf auf Rechnung ist bei Kund*innen sehr beliebt, birgt aber ein hohes Ausfallrisiko für Händler.

933) Vorauskasse bedeutet für die Käufer*innen das größte Risiko.

934) Vorauskasse ist für die Händler risikolos, aber der Aufwand für Kund*innen ist höher.

935) Zahlung per Nachnahme ist für beide Seiten besonders kostengünstig.

936) Bei Nachnahme entstehen zusätzliche Gebühren für die Kundschaft.

937) Der Bankeinzug ist bei Kund*innen unbeliebt und sehr teuer für Händler.

938) Zahlung per Bankeinzug verursacht für Händler relativ geringe Kosten.

939) Eine breite Auswahl an Zahlungsmethoden kann zum Erfolg eines Onlineshops beitragen.

940) Die Retourquote bei Rechnungskauf ist niedriger als bei anderen Zahlungsmethoden.

Kundenbetreuung und -bindung

Dieses Kapitel testet dein Wissen über die verschiedenen Serviceleistungen im Einzelhandel. Die Aussagen prüfen deine Kenntnisse deren Bedeutung für die Kundenbindung sowie warenbezogene und warenunabhängige Services. Der professionelle Kundenservice wird als wichtiger Wettbewerbsfaktor im modernen Einzelhandel abgefragt.

Richtig oder falsch?

941) Serviceleistungen dienen der Kundenbindung und können den Absatz von Waren fördern.

942) Serviceleistungen haben keinen Einfluss auf das Verkaufsgespräch.

943) Serviceleistungen können dem Unternehmen Wettbewerbsvorteile gegenüber der Konkurrenz verschaffen.

944) Kosten für Serviceleistungen müssen durch zusätzliche Erlöse oder Zahlungen der Kund*innen gedeckt werden.

945) Serviceleistungen verursachen keine Kosten und sind für Unternehmen kostenneutral.

946) Die angebotenen Serviceleistungen hängen unter anderem vom Sortiment und der Geschäftspolitik des Unternehmens ab.

947) Warenbezogene Serviceleistungen umfassen z. B. Reparatur, Wartung oder Änderungsservice.

948) Warenunabhängige Serviceleistungen haben immer direkt mit dem gekauften Produkt zu tun.

949) Zahlungsbezogene Serviceleistungen umfassen unter anderem Kundenkarten und Ratenkauf.

950) Nachkaufbezogene Serviceleistungen beinhalten z. B. Garantie, Kulanz und Umtauschmöglichkeiten.

Warenverwaltung und Logistiksysteme

Hier werden deine Kenntnisse der Grundlagen moderner Warenwirtschaft getestet. Die Aussagen prüfen dein Verständnis von Zielen und Aufgaben der Warenwirtschaft sowie verschiedene Möglichkeiten der Datenerfassung und Warencodierung. Auch Datensicherung und Datenschutz als wichtige Aspekte werden abgefragt.

Richtig oder falsch?

951) Ein Ziel der Warenwirtschaft ist es, jederzeit die gewünschte Ware in der richtigen Menge bereitzustellen.

952) Die Warenwirtschaft verfolgt keine wirtschaftlichen Ziele, sondern nur logistische Aufgaben.

953) Zu den Aufgaben der Warenwirtschaft gehört auch die Überwachung von Lagerbeständen.

954) Eine gut organisierte Warenwirtschaft kann zur Kostensenkung und besseren Kundenbindung beitragen.

955) Die Warenwirtschaft endet mit der Bestellung der Ware und umfasst nicht den Wareneingang oder die Lagerung.

956) Scanner erfassen den EAN-Code, während alle weiteren Artikeldaten im Warenwirtschaftssystem hinterlegt sind.

957) Datenwaagen werden im Einzelhandel nicht verwendet, da sie ungenau arbeiten.

958) Mobile Scanner wie Lesepistolen und Lesestifte dienen der optischen Erfassung von Strichcodes.

959) Die manuelle Preiseingabe an der Kasse erfolgt über die Tastatur.

960) Stationäre Scanner sind tragbare Geräte, die hauptsächlich im Lager eingesetzt werden.

961) Die EAN wurde im Jahr 2009 in GTIN umbenannt.

962) EAN und GTIN sind zwei unterschiedliche Codierungssysteme mit jeweils eigenem Anwendungsbereich.

963) Die GTIN ist eine weltweit eindeutige Nummer zur Kennzeichnung von Produkten.

964) Das Price-look-up-Verfahren setzt die Vergabe von Artikelnummern für jedes Produkt voraus.

965) Die Prüfziffer innerhalb der GTIN dient lediglich der optischen Gestaltung des Barcodes.

966) Datensicherung umfasst Maßnahmen gegen Datenverlust, Datenverfälschung und Datenmissbrauch.

967) Für die Datensicherung sind ausschließlich externe IT-Dienstleister verantwortlich.

968) Sicherheitskopien sollten regelmäßig und auf verschiedenen Datenträgern erstellt werden.

969) Sicherheitskonzepte sind nur bei lokalen Serverlösungen notwendig, nicht bei Cloud-Diensten.

970) Datenadministratoren können für die Organisation und Umsetzung der Datensicherung verantwortlich sein.

971) Der betriebliche Datenschutz schützt personenbezogene Daten vor Missbrauch bei Übertragung, Weitergabe und Zugriff.

972) Die DSGVO gilt ausschließlich für staatliche Einrichtungen und Behörden.

973) Zu den personenbezogenen Daten zählen Angaben über Alter, Schulden oder Krankheiten.

974) Das Datengeheimnis verpflichtet Personen mit Zugriff auf personenbezogene Daten zur Geheimhaltung.

975) Unternehmen dürfen personenbezogene Daten ohne Zustimmung der betroffenen Person an Dritte weitergeben.

976) Bürger haben das Recht, Auskunft über gespeicherte Daten zu erhalten und unzulässig gespeicherte Daten löschen zu lassen.

977) Zutrittskontrolle bedeutet, dass nur befugte Personen physisch Zugang zu Datenverarbeitungsanlagen erhalten dürfen.

978) Zugriffskontrolle stellt sicher, dass berechtigte Personen ausschließlich auf berechtigte Daten zugreifen können.

979) Zugangskontrollen sind überflüssig, wenn ein Unternehmen keine sensiblen Daten speichert.

Warenannahme und -kontrolle

In diesem Kapitel wird dein Wissen über die ordnungsgemäße Annahme und Kontrolle von Waren getestet. Die Aussagen prüfen deine Kenntnisse der rechtlichen Verpflichtungen bei der Wareneingangskontrolle und wie sowohl äußere als auch inhaltliche Prüfungen systematisch durchgeführt werden.

Richtig oder falsch?

980) Bei Wareneingang muss überprüft werden, ob Menge, Qualität und Artikel mit der Bestellung übereinstimmen.

981) Die Kontrolle der Ware beim Wareneingang ist optional und kann bei Zeitmangel weggelassen werden.

982) Mängel, die beim Wareneingang festgestellt werden, müssen sofort gemeldet werden (Rügepflicht).

983) Der Lieferschein ist kein rechtlich relevantes Dokument und muss nicht geprüft werden.

984) Erst nach erfolgter Wareneingangskontrolle darf die Ware eingelagert oder weiterverkauft werden.

Lagerhaltung und Bestandsführung

Hier werden deine Kenntnisse aller Aspekte der Lagerhaltung geprüft. Von den Aufgaben und Anforderungen an ein Lager über verschiedene Lagerarten bis hin zu Lagerrisiken und -kosten wird alles Wichtige getestet. Lagerkennzahlen, Hilfsmittel im Lager und praktische Tätigkeiten vom Ein- bis zur Auslagerung werden ebenso abgefragt.

Richtig oder falsch?

985) Die Lagerhaltung dient u. a. dazu, die Verkaufsbereitschaft sicherzustellen.

986) Lagerhaltung ermöglicht es, Preisvorteile durch den Einkauf größerer Mengen zu nutzen.

987) Das Lager erschwert die zeitliche Überbrückung zwischen Beschaffung und Verkauf.

988) Lagerprozesse wie Sortieren oder Umfüllen können zur Veredelung und Verkaufsfähigkeit von Waren beitragen.

989) Vorratshaltung ist im Einzelhandel überflüssig, da jederzeit nachbestellt werden kann.

990) Ein Lager sollte so organisiert sein, dass eine schnelle und fehlerfreie Ein- und Auslagerung möglich ist.

991) Die Sicherheit von Mitarbeitenden und Waren spielt bei der Lagerplanung keine Rolle.

992) Übersichtlichkeit ist eine wichtige Voraussetzung für ein funktionierendes Lager.

993) Lagerkosten sollten möglichst hoch gehalten werden, um eine gute Bevorratung sicherzustellen.

994) Das Lager sollte an die Verkaufs- und Beschaffungsprozesse des Unternehmens angepasst sein.

995) Ein Verkaufslager befindet sich in der Regel in unmittelbarer Nähe zur Verkaufsfläche.

996) Zentrallager werden häufig eingesetzt, um mehrere Filialen zentral zu versorgen.

997) Reservelager dienen hauptsächlich der Präsentation von Waren für Kund*innen.

998) Außenlager befinden sich außerhalb des eigentlichen Betriebsgebäudes.

999) Es gibt keine Unterschiede zwischen Handlager und Reservelager im Einzelhandel.

1000) Änderungen im Kundengeschmack zählen zu den Risiken der Vorratshaltung im Einzelhandel.

1001) Lagerware ist niemals von Verderb oder Diebstahl betroffen.

1002) Saisonwechsel können den Absatz von Lagerware negativ beeinflussen.

1003) Unfallverhütungsvorschriften müssen im Lager nicht beachtet werden, wenn keine Maschinen genutzt werden.

1004) Bei Verstößen gegen Sicherheitsvorschriften im Lager kann das Unternehmen mit Geldbußen belegt werden.

1005) Der Mindestbestand stellt eine eiserne Reserve dar, die nur in Ausnahmesituationen angegriffen werden soll.

1006) Der Meldebestand wird genutzt, um eine Bestellung auszulösen, bevor der Mindestbestand erreicht ist.

1007) Der Höchstbestand sorgt dafür, dass Lagerbestände unbegrenzt ausgeweitet werden können.

1008) Der Meldebestand berücksichtigt sowohl den Tagesabsatz als auch die Lieferzeit und den Mindestbestand.

1009) Ein zu hoher Lagerbestand ist unproblematisch, da er stets die Verkaufsbereitschaft sichert.

1010) Lagerkosten entstehen u. a. durch gebundenes Kapital, Lagermiete, Personal und technische Ausstattung.

1011) Schwund, Diebstahl und Verderb führen nicht zu Lagerkosten, da sie im Verkaufspreis einkalkuliert sind.

1012) Für gelagerte Waren entstehen Zinsverluste, da Kapital gebunden ist.

1013) Löhne der Lagermitarbeiter zählen zu den Lagerkosten.

1014) Reparaturen und Stromkosten haben keinen Einfluss auf die Lagerkosten eines Einzelhandelsunternehmens.

1015) Lagerkennzahlen helfen, die Wirtschaftlichkeit der Lagerhaltung zu kontrollieren.

1016) Der Soll-Ist-Vergleich ist ein gängiges Verfahren zur Bewertung von Lagerkennzahlen.

1017) Die Umschlagshäufigkeit zeigt, wie oft der gesamte Lagerbestand im Jahr geliefert wurde.

1018) Die durchschnittliche Lagerdauer kann durch Division von 360 durch die Umschlagshäufigkeit berechnet werden.

1019) Lagerzinsen werden unabhängig vom durchschnittlichen Lagerbestand berechnet.

1020) Die Reduzierung der Mindestbestände kann zur Verbesserung der Lagerkennzahlen beitragen.

1021) Die Erhöhung der Lagerdauer verbessert automatisch die Umschlagshäufigkeit.

1022) Der gezielte Abbau von Ladenhütern kann helfen, die Lagerkennzahlen zu verbessern.

1023) Straffung des Warenangebots hat keinen Einfluss auf Lagerkennzahlen wie Lagerdauer oder Umschlagshäufigkeit.

1024) Ein geringerer durchschnittlicher Lagerbestand reduziert die Kapitalbindung und senkt die Lagerzinsen.

1025) Regale, Lagerkennzeichnung und Transportgeräte zählen zu den wichtigsten Hilfsmitteln im Lager.

1026) Ohne Hilfsmittel wie Scanner oder EDV-Systeme ist eine moderne Lagerführung kaum effizient möglich.

1027) Paletten und Rollcontainer dienen ausschließlich der Warenausstellung im Verkaufsraum.

1028) Lagerhilfsmittel tragen zur Arbeitssicherheit und Effizienz bei.

1029) Handwagen und Gabelstapler zählen nicht zu den Lagerhilfsmitteln.

1030) Die Warenannahme gehört zu den zentralen Tätigkeiten im Lager.

1031) Wareneingangskontrollen müssen sofort bei Anlieferung erfolgen.

1032) Die Einlagerung erfolgt systematisch und richtet sich nach Lagerart und Warenart.

1033) Lagerfachkräfte sind nicht für die Prüfung von Lieferpapieren zuständig.

1034) Die Pflege und Kontrolle der Lagerbestände zählt zu den Aufgaben im Lager.

1035) Die Kommissionierung beinhaltet das Zusammenstellen von Waren für einen Auftrag.

1036) Verpacken und Versandvorbereitung gehören nicht zu den Lagertätigkeiten.

1037) Im Lager sind keine Sicherheitsvorschriften einzuhalten.

1038) Sauberkeit und Ordnung im Lager erhöhen die Arbeitssicherheit und Effizienz.

1039) Die Lagerbuchführung erfolgt oft digital und ist für die Bestandsführung wichtig.

1040) Lagermitarbeiter dürfen keine Retouren bearbeiten.

1041) Die regelmäßige Kontrolle des Mindestbestands gehört zur Bestandsüberwachung.

1042) Eine fehlerhafte Einlagerung kann zu Fehlbeständen und Lieferverzögerungen führen.

1043) Die Durchführung der Inventur ist keine Aufgabe des Lagerpersonals.

Funktion und Bedeutung des Einzelhandels

Dieses Kapitel testet dein Wissen über die volkswirtschaftliche Bedeutung des Einzelhandels. Die Aussagen prüfen deine Kenntnisse der Kernfunktionen wie Warenbeschaffung, -bereitstellung und -absatz sowie die vielfältigen Leistungen, die Einzelhändler für Kunden und Lieferanten erbringen.

Richtig oder falsch?

1044) Der Einzelhandel hat die Aufgabe, Endverbraucher mit Waren zu versorgen.

1045) Der Einzelhandel verkauft ausschließlich an Großkunden.

1046) Eine Kernaufgabe des Einzelhandels ist die Warenbeschaffung.

1047) Der Einzelhandel lagert keine Produkte, sondern liefert direkt weiter.

1048) Der Einzelhandel bietet ein kundengerechtes Warensortiment an.

1049) Der Einzelhandel übernimmt die Veredelung von Produkten.

1050) Eine wesentliche Leistung des Einzelhandels ist die Sortimentsbildung.

1051) Der Einzelhandel trägt zur Raum- und Zeitüberbrückung bei.

1052) Der Einzelhandel übernimmt keine Lagerhaltung.

1053) Der Einzelhandel erbringt Serviceleistungen wie Beratung.

Betriebsorganisation

Hier wird dein Wissen über die strukturelle Gestaltung von Unternehmen getestet. Die Aussagen prüfen deine Kenntnisse der Grundbegriffe der Organisation und des Verständnisses sowohl von Aufbau- als auch Ablauforganisation. Verschiedene Leitungssysteme und Organisationsformen werden abgefragt und ihre Vor- und Nachteile geprüft.

Richtig oder falsch?

1054) Improvisation bezeichnet geplante und langfristig angelegte Regelungen im Unternehmen.

1055) Disposition ist eine fallweise Regelung innerhalb bestehender Dauerregelungen.

1056) Organisation umfasst nur die Ablauforganisation eines Unternehmens.

1057) Die Aufbauorganisation ist Teil der Organisation und betrifft den strukturellen Aufbau des Betriebs.

1058) Organisation bedeutet zielorientierte Dauerregelungen für Aufbau- und Ablauforganisation.

1059) Die Aufbauorganisation befasst sich mit der Strukturierung der Geschäftsprozesse.

1060) Ein Organigramm zeigt die Unternehmenshierarchie.

1061) In der Aufgabenanalyse wird die Gesamtaufgabe des Betriebs in Einzelaufgaben zerlegt.

1062) In der Aufgabensynthese werden Einzelaufgaben zu Stellen zusammengefasst.

1063) Abteilungen bestehen aus inhaltlich unzusammenhängenden Stellen.

1064) Ausführende Stellen besitzen Weisungsbefugnis.

1065) Instanzen haben Anordnungs- und Entscheidungsbefugnisse.

1066) Stabsstellen sind weisungsberechtigt und direkt führend.

1067) Abteilungen können nach Objekten oder Verrichtungen gegliedert sein.

1068) Im Einliniensystem erhält jede Stelle Weisungen von mehreren übergeordneten Stellen.

1069) Das Mehrliniensystem kann zu Kompetenzüberschneidungen führen.

1070) Stabliniensysteme kombinieren Linienstellen mit beratenden Stabsstellen.

1071) Die Matrixorganisation kombiniert funktionale und produktorientierte Strukturen.

1072) Die Matrixorganisation reduziert die Anzahl an Entscheidungsträgern und macht Abstimmung überflüssig.

1073) Die Ablauforganisation regelt, wer im Unternehmen Aufgaben übernehmen soll.

1074) Ziel der Ablauforganisation ist es, Arbeitsprozesse zeitlich und räumlich optimal zu gestalten.

1075) Die Ablauforganisation beschäftigt sich mit dem zeitlichen und räumlichen Ablauf von Prozessen.

1076) Die Festlegung der Reihenfolge von Arbeitsschritten gehört zur Ablauforganisation.

1077) Organigramme sind das zentrale Instrument der Ablauforganisation.

Einkauf und Warenbeschaffung

In diesem Kapitel wird dein Wissen über die systematische Warenbeschaffung getestet. Von der Bedarfsermittlung über die optimale Bestellmenge bis hin zur Bezugsquellenermittlung werden alle wichtigen Aspekte abgefragt. Auch Limitrechnung, Angebotsvergleiche und Terminüberwachung werden geprüft.

Richtig oder falsch?

1078) Die Bedarfsermittlung richtet sich unter anderem nach Umsatz- und Absatzstatistiken.

1079) Der persönliche Eindruck des Lagerpersonals ist die wichtigste Grundlage für die Sortimentsplanung.

1080) Verkaufsdaten aus modernen Kassensystemen helfen bei der Bedarfsermittlung.

1081) Berichte in Fachzeitschriften über Modetrends können zur Sortimentsplanung beitragen.

1082) Die Sortimentsplanung ist unabhängig vom Einzugsgebiet des Geschäfts.

1083) Eine zu hohe Bestellmenge kann zu hohen Lagerkosten und Lagerrisiken führen.

1084) Die optimale Bestellmenge minimiert ausschließlich die Transportkosten.

1085) Bei der optimalen Bestellmenge sind Lager- und Bestellkosten im Gleichgewicht.

1086) Hohe Bestellmengen führen immer zu niedrigeren Gesamtkosten.

1087) Mengenrabatte sind ein Vorteil größerer Bestellmengen.

1088) Die Limitrechnung dient der Kontrolle, ob der geplante Einkauf den finanziellen Rahmen sprengt.

1089) Beim Warenlimit handelt es sich um eine empfohlene Verkaufspreisuntergrenze.

1090) Das Wareneinkaufslimit kann auf Basis vergangener Umsätze und Lagerbestände berechnet werden.

1091) Überschreitet ein Einkauf das Limit, ist keine Genehmigung erforderlich.

1092) Die Limitrechnung hilft, die Liquidität des Unternehmens zu sichern.

1093) Ziel der Zeitplanung ist es, Verkaufsengpässe und unnötige Lagerkosten zu vermeiden.

1094) Beim Bestellpunktverfahren wird regelmäßig in festen Zeitabständen bestellt.

1095) Der Meldebestand spielt beim Bestellpunktverfahren eine zentrale Rolle.

1096) Saisonale Bedingungen und Haltbarkeit der Ware beeinflussen den optimalen Bestellzeitpunkt.

1097) Beim Bestellrhythmusverfahren wird nur bei Unterschreiten des Sicherheitsbestands bestellt.

1098) Die Bezugsquellenermittlung beantwortet die Frage, wo Waren bestellt werden sollen.

1099) Die Lieferantendatei im Warenwirtschaftssystem ist eine interne Informationsquelle.

1100) Die IHK zählt zu den internen Informationsmöglichkeiten für Bezugsquellen.

1101) Fachzeitschriften und Kataloge gelten als externe Bezugsquelleninformationen.

1102) Bezugsquellen müssen ausschließlich über das Internet recherchiert werden.

1103) Eine Anfrage ist rechtlich unverbindlich.

1104) Anfragen sind grundsätzlich verbindliche Angebote an den Lieferanten.

1105) Allgemeine Anfragen beziehen sich auf Kataloge, Preislisten oder Muster.

1106) Spezielle Anfragen enthalten konkrete Fragen zu Artikeln, Liefer- und Zahlungsbedingungen.

1107) Die Anfrage verpflichtet den Empfänger zur Lieferung der angefragten Waren.

1108) Ein Angebot ist rechtlich unverbindlich und kann jederzeit widerrufen werden.

1109) Der Bezugspreis ergibt sich aus dem Bareinkaufspreis zuzüglich Bezugskosten.

1110) Beim Angebotsvergleich spielen auch qualitative Kriterien wie Lieferzeit und Service eine Rolle.

1111) Der Zieleinkaufspreis ergibt sich aus dem Listeneinkaufspreis abzüglich Skonto.

1112) Angebote richten sich grundsätzlich nur an die Allgemeinheit und sind nicht personengebunden.

1113) Eine Bestellung ist rechtlich unverbindlich und dient nur der Informationsübermittlung.

1114) Entspricht eine Bestellung dem Angebot, kommt der Kaufvertrag zustande.

1115) Weicht die Bestellung vom Angebot ab, ist sie automatisch verbindlich.

1116) Eine Bestellung ohne vorheriges Angebot gilt als Antrag zum Abschluss eines Kaufvertrags.

1117) Eine verspätete Bestellung hat keine rechtliche Wirkung und wird automatisch storniert.

1118) Die Terminüberwachung stellt sicher, dass bestellte Waren pünktlich geliefert werden.

1119) Wenn ein Liefertermin überschritten wird, ist keine Reaktion des Käufers notwendig.

1120) Terminüberwachung gehört zu den Aufgaben im Rahmen der Warenbeschaffung.

1121) Bei Lieferverzug sollte der Käufer den Verkäufer zunächst anmahnen.

1122) Eine verspätete Lieferung hat keine Auswirkungen auf das Geschäft und muss nicht dokumentiert werden.

Verkauf und Vertrieb

Hier werden deine Kenntnisse zu Marketing und Verkauf getestet. Die Aussagen prüfen dein Wissen über Marktforschung und den Marketing-Mix mit seinen vier Elementen sowie rechtliche Vorgaben wie die Preisangabenverordnung. Auch moderne Kooperationsmöglichkeiten werden abgefragt.

Richtig oder falsch?

1123) Der Wareneingang gehört zu den Grundprozessen der Warenwirtschaft.

1124) Der Begriff „Inventur" beschreibt die laufende Bestellung von Waren.

1125) Lagerumschlag und durchschnittlicher Lagerbestand sind wichtige Kennzahlen der Warenwirtschaft.

1126) Der Warenausgang erfolgt immer automatisch mit dem Kassenvorgang.

1127) Die Warenannahme gehört zur Warenwirtschaft.

1128) Eine genaue Warenkennzeichnung ist nicht notwendig, solange der Preis stimmt.

1129) Ziel der Warenwirtschaft ist es, Waren möglichst effizient zu beschaffen, zu lagern und zu verkaufen.

1130) Der Begriff „Wareneinsatz" beschreibt den Verkaufserlös.

1131) Die Warenwirtschaft erfasst alle Bewegungen von Waren im Betrieb.

1132) Die Marktforschung erfolgt systematisch und basiert auf gezielter Datenerhebung und -auswertung.

1133) Die Marktanalyse betrachtet Entwicklungen über einen längeren Zeitraum hinweg.

1134) Die Primärforschung nutzt eigene Erhebungen wie Umfragen oder Interviews.

1135) Sekundärforschung bedeutet, dass bereits vorhandene Daten ausgewertet werden.

1136) Die Markterkundung ist eine systematische Form der Informationsgewinnung.

1137) Der Marketing-Mix besteht aus vier Hauptinstrumenten.

1138) Zur Produktpolitik gehört unter anderem die Sortimentsgestaltung.

1139) Die Preispolitik umfasst nur Rabatte, aber keine Kalkulation oder Zahlungsbedingungen.

1140) Werbung und Verkaufsförderung sind Teil der Kommunikationspolitik.

1141) Die Kommunikationspolitik ist für den Transport der Waren zuständig.

1142) Distributionspolitik regelt, wie das Produkt zum Kunden gelangt.

1143) Die Wahl des Verkaufsstandorts fällt unter die Distributionspolitik.

1144) Verpackung und Design sind Bestandteile der Produktpolitik.

1145) Preisnachlässe zählen zur Kommunikationspolitik.

1146) Sponsoring und Öffentlichkeitsarbeit gehören zur Kommunikationspolitik.

1147) Die vier P's stehen für Produkt, Preis, Personal und Präsentation.

1148) Die Produktpolitik beschäftigt sich auch mit Garantieleistungen und Serviceangeboten.

1149) Der Marketing-Mix ist in jeder Branche gleich anzuwenden.

1150) Ein gut abgestimmter Marketing-Mix verbessert die Marktposition des Unternehmens.

1151) Die Produktpolitik beschäftigt sich unter anderem mit Farbe, Qualität und Verpackung.

1152) Produktelimination bedeutet, ein neues Produkt zu entwickeln.

1153) Unter Produktvariation versteht man die Anpassung bestehender Produkte in Design oder Ausstattung.

1154) Die Sortimentspolitik umfasst Entscheidungen zur Sortimentsbreite und -tiefe.

1155) Produktinnovation bedeutet, ein Produkt aus dem Sortiment zu nehmen.

1156) Die Preissetzung kann nach Kosten, Konkurrenz oder Nachfrage erfolgen.

1157) Eine Preisdifferenzierung nach Personen bedeutet z. B. Rabatte für Stammkundschaft.

1158) Mengenorientierte Preisdifferenzierung bedeutet, dass kleinere Mengen günstiger sind.

1159) Lieferbedingungen wie „frei Haus" gehören zu den Konditionen.

1160) Skonto zählt nicht zu den Preisnachlässen.

1161) Ziel der Werbung ist es, die Kaufentscheidung der Kundschaft zu beeinflussen.

1162) Die AIDA-Formel steht für Aufmerksamkeit, Interesse, Dringlichkeit, Aktion.

1163) Werbeerfolgskontrolle berücksichtigt auch schwer messbare Effekte wie Imagegewinn.

1164) Öffentlichkeitsarbeit (PR) soll vorrangig den Verkauf einzelner Produkte steigern.

1165) Einzelwerbung bedeutet, dass ein Anbieter für seine Produkte wirbt.

1166) Gemeinschaftswerbung zeigt die Firmennamen aller beteiligten Anbieter deutlich auf.

1167) Verkaufsförderung richtet sich nur an Großhändler und nicht an Endverbraucher.

1168) Gutscheinaktionen und Warenplatzierungen zählen zur Verkaufsförderung.

1169) Öffentlichkeitsarbeit nutzt Maßnahmen wie Tage der offenen Tür und Sponsoring.

1170) Die Distributionspolitik regelt, wie das Produkt vom Hersteller zur Kundschaft gelangt.

1171) Beim direkten Absatz wird das Produkt ohne Zwischenhändler direkt an die Endverbraucher verkauft.

1172) E-Commerce bezeichnet die gesamte elektronische Geschäftsabwicklung eines Unternehmens.

1173) Indirekter Absatz erfolgt über Absatzmittler wie Groß- und Einzelhandel.

1174) E-Business ist ein Teilbereich von E-Commerce.

1175) Werbung darf keine irreführenden Aussagen über Produkte enthalten.

1176) Preisauszeichnungen sind im Einzelhandel gesetzlich vorgeschrieben.

1177) Schleichwerbung ist erlaubt, wenn sie kreativ umgesetzt wird.

1178) Die Preisangabenverordnung verpflichtet zur Angabe des Gesamt- und Grundpreises.

1179) Kinderwerbung ist vollständig verboten.

1180) Wettbewerbsrecht verbietet gezielte Herabsetzung von Mitbewerbern.

1181) Werbung darf mit Selbstverständlichkeiten werben, z. B. „ohne Kinderarbeit" in der EU.

1182) Für Rabattaktionen gelten keine rechtlichen Vorgaben.

1183) Werbeaussagen müssen überprüfbar und belegbar sein.

1184) Die PAngV verpflichtet zur Preisauszeichnung, um Preisvergleiche zu ermöglichen.

1185) Eine Preisangabe ist bei Kunstgegenständen im Einzelhandel verpflichtend.

1186) Der Grundpreis je Mengeneinheit ist eine gesetzlich vorgeschriebene Angabe.

1187) Die Auszeichnungspflicht entfällt für frei zugängliche Waren im Verkaufsraum.

1188) Verstöße gegen die PAngV können vom Gewerbeaufsichtsamt mit Bußgeldern geahndet werden.

1189) Das UWG schützt ausschließlich Unternehmen, nicht Verbraucher.

1190) Schleichwerbung ist eine unlautere Handlung, wenn nicht erkennbar ist, dass es sich um Werbung handelt.

1191) Lockvogelangebote sind erlaubt, auch wenn die Ware nicht in ausreichender Menge verfügbar ist.

1192) Vergleichende Werbung ist erlaubt, wenn sie objektiv und sachlich bleibt und den Mitbewerber nicht herabsetzt.

1193) Mogelpackungen mit übergroßen Verpackungen sind laut UWG unbedenklich.

1194) Rackjobber mieten Verkaufsregale und kümmern sich um die Warenpflege vor Ort.

1195) Beim Rackjobbing trägt der Einzelhändler das volle Absatzrisiko.

1196) Franchising ist eine horizontale Kooperation zwischen gleichrangigen Einzelhändlern.

1197) Franchisenehmer profitieren von zentraler Werbung und Schulungen durch den Franchisegeber.

1198) Franchisenehmer können ihr Sortiment völlig frei gestalten.

1199) Kommissionsware bleibt bis zum Verkauf Eigentum des Lieferanten (Kommittenten).

1200) Der Einzelhändler wird bei Kommissionsware Eigentümer der Produkte, sobald sie im Regal stehen.

1201) Beim Verkauf auf Kommission trägt der Lieferant das Absatzrisiko.

1202) Kommissionsware ermöglicht dem Einzelhändler eine risikolose Einführung neuer Produkte.

1203) Beim Rackjobbing mietet der Großhändler Regale im Einzelhandel und kümmert sich selbst um deren Bestückung.

1204) Der Einzelhändler trägt das volle Absatzrisiko beim Rackjobbing.

1205) Rackjobber übernehmen unter anderem die Preisauszeichnung der Ware.

1206) Nicht verkaufte Ware bleibt beim Einzelhändler und wird nicht zurückgenommen.

1207) Der Einzelhändler erhält beim Rackjobbing eine Umsatzprovision vom Regalgroßhändler.

1208) Beim Franchising nutzt der Franchisenehmer ein erprobtes Geschäftskonzept des Franchisegebers.

1209) Der Franchisenehmer entscheidet allein über Marketing und Corporate Design.

1210) Der Franchisegeber stellt in der Regel Schulungen, Werbung und Unterstützung zur Verfügung.

1211) Franchising ist ein typisches Beispiel für eine vertikale Kooperation.

1212) Der Franchisenehmer zahlt keine Gebühren oder Abgaben an den Franchisegeber.

1213) Bei Kommissionsware bleibt der Lieferant bis zum Verkauf Eigentümer der Ware.

1214) Der Einzelhändler muss unverkaufte Kommissionsware selbst bezahlen.

1215) Die Abrechnung erfolgt beim Kommissionsverkauf erst nach tatsächlichem Verkauf der Ware.

1216) Kommissionsverkauf verringert das finanzielle Risiko des Einzelhändlers.

1217) Der Kommittent ist verpflichtet, dem Einzelhändler alle Waren dauerhaft zu überlassen.

Personalmanagement

Dieses Kapitel testet dein Wissen über alle Aspekte des Personalmanagements. Von der Personalbedarfsplanung über Beschaffung und Verwaltung bis hin zur Entwicklung und Gehaltsabrechnung werden die wichtigsten Personalthemen geprüft. Auch die Personalfreisetzung wird abgefragt.

Richtig oder falsch?

1218) Oberziel der Personalwirtschaft ist die optimale Nutzung der Ressource Mitarbeitende.

1219) Die Personalwirtschaft zielt ausschließlich auf die Reduzierung von Personalkosten ab.

1220) Die Aufgaben der Personalwirtschaft umfassen auch Personalführung und -entwicklung.

1221) Personaleinsatzplanung bedeutet, Personal unabhängig von Qualifikation einzusetzen.

1222) Lohn- und Gehaltsabrechnung gehört zu den Aufgaben der Personalverwaltung.

1223) Die Personalbedarfsplanung ermittelt, wie viele Mitarbeitende mit welchen Qualifikationen benötigt werden.

1224) Qualitativer Personalbedarf bezieht sich auf die Anzahl der Mitarbeitenden.

1225) Der quantitative Personalbedarf umfasst die Zahl der benötigten Arbeitskräfte.

1226) Bei der Ersatzbedarfsermittlung werden krankheitsbedingte Ausfälle berücksichtigt.

1227) Neubedarf entsteht z. B. durch Filialschließungen oder Stellenabbau.

1228) Die Personalbedarfsplanung ist unabhängig vom Umsatz und der Geschäftsentwicklung.

1229) Zeitlich befristete Mehrarbeit zählt zum Reservebedarf.

1230) Eine vorausschauende Personalbedarfsplanung hilft, Unter- oder Überdeckung zu vermeiden.

1231) Personalbedarfsplanung ist eine Aufgabe der externen Unternehmensberatung, nicht des Betriebs selbst.

1232) Zur internen Personalbeschaffung zählen Versetzungen und Übernahmen aus der Ausbildung.

1233) Externe Personalbeschaffung ist immer kostengünstiger als interne Lösungen.

1234) Stellenausschreibungen im Internet sind ein Beispiel für externe Personalbeschaffung.

1235) Personalbeschaffung umfasst nur die Auswahl, nicht aber die Suche nach Bewerbenden.

1236) Eine sorgfältige Personalbeschaffung kann Fehlbesetzungen und hohe Folgekosten vermeiden.

1237) Die Personalakte enthält alle Unterlagen, die mit dem Arbeitsverhältnis in Verbindung stehen.

1238) Arbeitnehmer dürfen ihre Personalakte nur mit Zustimmung des Arbeitgebers einsehen.

1239) Personaldaten dürfen ohne Einschränkungen elektronisch gespeichert und weitergegeben werden.

1240) Die Personalstatistik kann Informationen wie Fehlzeiten und Fluktuation enthalten.

1241) Nach DSGVO müssen unzulässig gespeicherte oder fehlerhafte Daten berichtigt oder gelöscht werden.

1242) Die Anpassungsweiterbildung qualifiziert Mitarbeitende für neue Anforderungen im bestehenden Tätigkeitsbereich.

1243) Die Potenzialbeurteilung bewertet ausschließlich die bisherige Arbeitsleistung.

1244) Personalentwicklung „off the job" erfolgt durch Maßnahmen außerhalb des Arbeitsplatzes, z. B. in Seminaren.

1245) Eine betriebliche Beförderung hat keinen Einfluss auf die Motivation der Mitarbeitenden.

1246) Umschulung ist eine Maßnahme zur Qualifizierung für eine völlig andere berufliche Tätigkeit.

1247) Das Bruttogehalt ist der Betrag vor Abzug von Steuern und Sozialabgaben.

1248) Der Solidaritätszuschlag wird ab 2021 bei Steuerklasse I immer fällig, unabhängig vom Einkommen.

1249) Vermögenswirksame Leistungen sind freiwillige Leistungen des Arbeitgebers.

1250) Der Beitrag zur Rentenversicherung beträgt für Arbeitnehmer 9,3 % des Bruttogehalts bis zur Beitragsbemessungsgrenze.

1251) Die Krankenversicherung wird ausschließlich vom Arbeitgeber getragen.

1252) Kinderlose über 23 Jahre zahlen einen Zuschlag zur Pflegeversicherung ohne Arbeitgeberanteil.

1253) Die Steuerklasse IV ist für verheiratete Berufstätige vorgesehen, wenn beide Partner arbeiten.

1254) Bei mehreren Jobs muss die Hauptlohnsteuerkarte immer in Steuerklasse I geführt werden.

1255) Der Nettobetrag ergibt sich durch Abzug aller gesetzlichen Abgaben vom steuerpflichtigen Gehalt.

1256) Beim Ausscheiden sind der Lohnsteuerbescheinigung und das qualifizierte Arbeitszeugnis grundsätzlich auszuhändigen.

1257) Die Urlaubsbescheinigung informiert über bereits genommenen Urlaub.

1258) Ein qualifiziertes Arbeitszeugnis enthält Aussagen zu Leistung und Verhalten.

1259) Das einfache Arbeitszeugnis gibt Auskunft über Leistung, Sozialverhalten und Einsatzbereitschaft.

1260) Ein Arbeitszeugnis muss nur auf Verlangen der Mitarbeiterin oder des Mitarbeiters erstellt werden.

Kapital und Investitionen

Hier wird dein Wissen über die Finanzierung von Unternehmen getestet. Die Aussagen prüfen deine Kenntnisse verschiedener Finanzierungsarten, Kredite und deren Sicherung sowie moderne Finanzierungsinstrumente wie Leasing und Factoring. Auch Unternehmenskrisen und Insolvenzverfahren werden abgefragt.

Richtig oder falsch?

1261) Eigenfinanzierung liegt vor, wenn Kapital von den Eigentümern selbst eingebracht wird.

1262) Fremdfinanzierung ist stets mit Eigentumsübertragung verbunden.

1263) Innenfinanzierung erfolgt z. B. durch einbehaltene Gewinne.

1264) Außenfinanzierung bedeutet, dass das Kapital von außerhalb des Unternehmens zugeführt wird.

1265) Innenfinanzierung durch Rückstellungen ist eine Form der Eigenfinanzierung.

1266) Ein Darlehen ist in der Regel ein befristeter Kredit mit Tilgung laut Kreditvertrag.

1267) Beim Annuitätendarlehen bleibt der Zinsanteil über die gesamte Laufzeit gleich.

1268) Der Kontokorrentkredit ist meist unbefristet und hat einen variablen Zinssatz.

1269) Effektivzinsen berücksichtigen neben dem Nominalzins auch weitere Kosten wie Disagio und Bearbeitungsgebühren.

1270) Der Liefererkredit ist ein Kredit, den ein Kunde seinem Lieferanten gewährt.

1271) Bei einer Bürgschaft haftet ein Dritter für die Verbindlichkeiten des Kreditnehmers.

1272) Beim Eigentumsvorbehalt geht das Eigentum direkt mit Übergabe der Ware an die Käuferin über.

1273) Beim Lombardkredit bleibt der Kreditnehmer Eigentümer, aber der Besitz geht an den Kreditgeber über.

1274) Bei einer Sicherungsübereignung bleibt der Kreditnehmer sowohl Besitzer als auch Eigentümer der Sicherheitssache.

1275) Die Zession (Forderungsabtretung) dient der Absicherung von Krediten durch Übertragung von Forderungen an den Gläubiger.

1276) Leasing ist eine Sonderform der Fremdfinanzierung, bei der es sich um einen Sachkredit handelt.

1277) Während der Leasingdauer ist der Leasingnehmer sowohl Eigentümer als auch Besitzer der geleasten Sache.

1278) Nach Ende der Laufzeit kann der Leasingnehmer die geleaste Sache zurückgeben, weiterleasen oder kaufen.

1279) Im Gegensatz zum Kreditkauf kann beim Leasing der Gegenstand bilanziell abgeschrieben werden.

1280) Leasingraten gelten als Aufwand und sind steuerlich absetzbar.

1281) Beim Factoring verkauft ein Unternehmen seine Forderungen an ein Factoringunternehmen.

1282) Factoring verbessert die Liquidität eines Unternehmens, da es sofort Geld für offene Forderungen erhält.

1283) Beim echten Factoring trägt das Unternehmen weiterhin das Ausfallrisiko.

1284) Factoring eignet sich nicht für kleine und mittelständische Unternehmen.

1285) Factoring kann auch das Mahnwesen und Inkasso für den Forderungsverkäufer übernehmen.

1286) Zahlungsunfähigkeit liegt vor, wenn ein Unternehmen seine fälligen Zahlungen nicht mehr leisten kann.

1287) Überschuldung ist ein zwingender Insolvenzgrund – unabhängig von der Fortführungsprognose.

1288) Eine drohende Zahlungsunfähigkeit berechtigt zur Stellung eines Insolvenzantrags.

1289) Nur der Gläubiger darf einen Insolvenzantrag stellen.

1290) Das Insolvenzverfahren dient auch der gleichmäßigen Befriedigung der Gläubiger.

1291) Insolvenzverfahren können nur über juristische Personen eröffnet werden.

1292) Die Eröffnung des Insolvenzverfahrens erfolgt durch das Insolvenzgericht.

1293) Nach Insolvenzeröffnung führt der Insolvenzverwalter das Unternehmen weiter oder wickelt es ab.

1294) Ziel eines Insolvenzplans ist es, das Unternehmen zu zerschlagen.

1295) Das Insolvenzgericht bestellt im Regelverfahren einen Insolvenzverwalter.

1296) Das Schutzschirmverfahren ist eine Form der Eigenverwaltung.

1297) Beim Regelinsolvenzverfahren bleiben die Geschäftsleiter vollständig in der Verantwortung.

1298) Arbeitnehmer erhalten Insolvenzgeld von der Bundesagentur für Arbeit.

1299) Die Pflicht zur Stellung des Insolvenzantrags besteht spätestens drei Monate nach Eintritt der Zahlungsunfähigkeit.

1300) Die verspätete Antragstellung kann für Geschäftsführer strafrechtliche Konsequenzen haben.

1301) Eine Unternehmenskrise muss zwingend in die Insolvenz führen.

1302) Auch Privatpersonen können ein Insolvenzverfahren durchlaufen.

1303) Gläubiger haben im Insolvenzverfahren keinen Einfluss auf den Ablauf.

1304) Der Schuldner darf nach Eröffnung des Verfahrens nicht mehr frei über sein Vermögen verfügen.

Grundlagen des Rechnungswesens

In diesem Kapitel werden deine Kenntnisse des betrieblichen Rechnungswesens getestet. Die Aussagen prüfen dein Verständnis der verschiedenen Aufgaben wie Dokumentation, Information und Kontrolle sowie die wichtigsten Teilbereiche vom internen bis zum externen Rechnungswesen.

Richtig oder falsch?

1305) Das Rechnungswesen dient unter anderem der Dokumentation wirtschaftlicher Vorgänge.

1306) Die Kosten- und Leistungsrechnung ist ein Teilbereich der Finanzbuchhaltung.

1307) Die Buchführung ist gesetzlich vorgeschrieben, sofern eine Buchführungspflicht besteht.

1308) Das externe Rechnungswesen richtet sich ausschließlich an die Geschäftsleitung.

1309) Das interne Rechnungswesen unterstützt unternehmerische Entscheidungen.

1310) Die Bilanz gehört zum internen Rechnungswesen.

1311) Das Rechnungswesen liefert Informationen für die Besteuerung des Unternehmens.

1312) Die Inventur ist keine Aufgabe des Rechnungswesens.

1313) Planung und Kontrolle gehören zu den Aufgaben des internen Rechnungswesens.

Geschäftsrechnen

Hier werden die wichtigsten Rechenarten für den Einzelhandel getestet. Vom Dreisatz über Prozent- und Zinsrechnung bis hin zur Währungsrechnung werden alle relevanten mathematischen Grundlagen für den kaufmännischen Alltag geprüft.

Richtig oder falsch?

1314) Beim direkten Dreisatz steht die Zahl im Fragesatz immer im Zähler.

1315) Ein Dreisatz wird nur bei geradem Verhältnis verwendet.

1316) Wenn das Verhältnis „je mehr – desto mehr" gilt, handelt es sich um ein direktes Verhältnis.

1317) Im Dreisatz kann man keine Umkehrung des Verhältnisses (z.B. „je mehr – desto weniger") behandeln.

1318) Ein Beispiel für ein direktes Verhältnis ist: 20 m Stoff kosten 40 EUR, 50 m kosten entsprechend 100 EUR.

1319) Beim einfachen Durchschnitt wird die Summe aller Einzelwerte durch deren Anzahl geteilt.

1320) Der gewogene Durchschnitt berücksichtigt die Anzahl oder Bedeutung der einzelnen Werte.

1321) Der einfache Durchschnitt eignet sich besonders für Werte mit unterschiedlichen Häufigkeiten.

1322) Beim gewogenen Durchschnitt steht der Nenner für die Summe der Einzelwerte.

1323) In der Durchschnittsrechnung kann sowohl mit Preisen als auch mit Mengen gerechnet werden.

1324) Bei der Verteilungsrechnung wird ein Gesamtbetrag proportional zu einem Verteilungsschlüssel aufgeteilt.

1325) Die Summe der Anteile spielt bei der Berechnung der Verteilung keine Rolle.

1326) Der Verteilungsschlüssel kann zum Beispiel die Länge der Straßenfront darstellen.

1327) Zur Berechnung wird üblicherweise keine Verteilungstabelle benötigt.

1328) Der Wert je Anteil kann mithilfe des Dreisatzes berechnet werden.

1329) Die Prozentrechnung vergleicht Werte immer auf der Basis von 1.000.

1330) In der Prozentrechnung entspricht der Grundwert immer 100 %.

1331) Der Prozentwert ist ein Teil des Grundwertes.

1332) Der Prozentsatz gibt an, wie viele Hundertstel ein bestimmter Teil vom Ganzen ausmacht.

1333) 25 % bedeutet, dass 25 Teile von 1.000 gemeint sind.

1334) Der Dreisatz kann verwendet werden, um Prozentwerte bei unterschiedlichen Bezugsgrößen zu vergleichen.

1335) Wenn 18 von 20 Azubis bestehen, entspricht das 90 %.

1336) Bei Prozentvergleichen ist es egal, ob die Grundwerte unterschiedlich sind.

1337) Prozentrechnung basiert auf drei Größen: Grundwert, Prozentwert und Prozentsatz.

1338) Ein Prozentsatz kann größer als 100 % sein.

1339) Prozentrechnung kann nicht mit dem Dreisatz gelöst werden.

1340) Der Grundwert ist in Prozentaufgaben der kleinere Wert.

1341) Prozentrechnung ist eine Form der Verhältnisrechnung.

1342) Der Prozentwert wird durch Multiplizieren des Grundwerts mit dem Prozentsatz berechnet.

1343) Der Geldkurs ist der Kurs, zu dem die Bank Fremdwährungen verkauft.

1344) Der Briefkurs ist relevant, wenn man Fremdwährungen bei der Bank kaufen möchte.

1345) Sorten sind ausländisches Bargeld wie Banknoten und Münzen.

1346) Devisen bezeichnen ausländisches Buchgeld, das bargeldlos transferiert wird.

1347) Beim Umtausch von Euro in US-Dollar bei der Hausbank wird der Briefkurs angewendet.

1348) Der Zinssatz gibt an, wie viel Prozent des Kapitals innerhalb eines Jahres als Zinsen anfallen.

1349) In der Zinsformel steht „t" für die Anzahl der Zinstage.

1350) Die Zinsformel lautet: $Z = K \times p \times t / (100 \times 360)$.

1351) Bei der Zinsrechnung wird das Jahr mit 365 Tagen gerechnet.

1352) Wenn 5.000 € Kapital, 8 % Zinssatz und 90 Tage gegeben sind, ergeben sich 100 € Zinsen.

1353) Der Zinssatz kann aus dem Verhältnis von Zinsen, Kapital und Zeit rückgerechnet werden.

1354) Der Kapitalwert ist unabhängig vom Zinssatz.

1355) Die Formel zur Berechnung des Kapitals lautet: $K = Z \times 100 \times 360 / (p \times t)$.

1356) Für die Zinsrechnung ist es unerheblich, ob der Zeitraum in Tagen oder Monaten angegeben ist.

Preiskalkulation und Kostenanalyse

Dieses Kapitel testet dein Wissen über die Grundlagen der Kostenrechnung. Die Aussagen prüfen deine Kenntnisse wichtiger Begriffe und dein Verständnis von Bezugs- und Verkaufskalkulation sowie Deckungsbeitragsrechnung. Diese Kenntnisse sind essenziell für erfolgreiche Preisgestaltung im Einzelhandel.

Richtig oder falsch?

1357) Nur betriebszweckbezogene Aufwendungen zählen zu den Kosten.

1358) Variable Kosten bleiben bei jeder Produktionsmenge konstant.

1359) Einzelkosten können einem Produkt direkt zugeordnet werden.

1360) Gemeinkosten werden direkt jedem Produkt einzeln zugerechnet.

1361) Ziel der Kostenstellenrechnung ist die verursachungsgerechte Verteilung der Gemeinkosten.

1362) Skonto wird vom Listenpreis abgezogen.

1363) Rabatt wird vom Listenpreis berechnet und ist vom Skonto unabhängig.

1364) Bonus ist ein Preisnachlass, der immer in der Bezugskalkulation berücksichtigt wird.

1365) Bezugskosten wie Verpackung und Fracht werden zum Bareinkaufspreis hinzugerechnet.

1366) Die Umsatzsteuer wird in der Bezugskalkulation berücksichtigt, da sie Kosten verursacht.

1367) Der Verkaufspreis ergibt sich durch Aufschlag auf die Selbstkosten.

1368) Der Handlungskostenzuschlag dient zur Deckung der Gemeinkosten eines Handelsbetriebs.

1369) Der Barverkaufspreis enthält bereits Skonto und Rabatt.

1370) Der Listenverkaufspreis ist der höchste Preis in der Kalkulationskette.

1371) Der Gewinnaufschlag erfolgt auf den Bezugspreis.

1372) Der Zielverkaufspreis ist der Preis, den der Kunde nach Abzug von Rabatt tatsächlich zahlt.

1373) Der Skonto wird vom Zielverkaufspreis berechnet.

1374) Die Selbstkosten beinhalten alle Kosten bis zur Verkaufsbereitschaft des Produkts.

1375) Rabatt und Skonto werden in der Kalkulation in umgekehrter Reihenfolge abgezogen.

1376) Der Nettoverkaufspreis ist der Preis nach Abzug von Skonto und Rabatt.

1377) In der Verkaufskalkulation wird die Umsatzsteuer berücksichtigt, um den Endpreis zu bestimmen.

1378) Der Wareneinsatz ist identisch mit dem Bezugspreis.

1379) Die Verkaufskalkulation endet mit dem Barverkaufspreis.

1380) Der Gewinn kann wahlweise als Prozentsatz vom Nettoverkaufspreis oder von den Selbstkosten angegeben werden.

1381) Der Kalkulationszuschlag berechnet sich so: Kalkulationszuschlag = (Verkaufspreis - Bezugspreis) / Bezugspreis × 100%

1382) Der Kalkulationsfaktor ergibt sich aus dem Bezugspreis geteilt durch den Bruttoverkaufspreis.

1383) Mit dem Kalkulationsfaktor kann man den Bruttoverkaufspreis direkt aus dem Bezugspreis berechnen.

1384) Der Kalkulationsabschlag wird vom Bezugspreis zum Bruttoverkaufspreis hinzugerechnet.

1385) Die Handelsspanne berechnet sich auf Basis des Nettoverkaufspreises.

1386) Der Deckungsbeitrag zeigt, wie viel ein Produkt zur Deckung der fixen Kosten beiträgt.

1387) Der Deckungsbeitrag wird durch Subtraktion der fixen Kosten vom Umsatz berechnet.

1388) Ist der Deckungsbeitrag größer als die fixen Kosten, entsteht ein Betriebsgewinn.

1389) Variable Kosten sind in der Deckungsbeitragsrechnung irrelevant.

1390) Der Deckungsbeitrag wird auch als direkte Produktrentabilität oder Produktprofitabilität bezeichnet.

Buchführung und Bilanzierung

Hier werden deine Kenntnisse der Grundlagen ordnungsgemäßer Buchführung getestet. Von Inventur und Bilanz über Bestands- und Erfolgskonten bis hin zu speziellen Themen wie Umsatzsteuer und Anlagenwirtschaft wird alles Wichtige für die praktische Buchhaltung abgefragt.

Richtig oder falsch?

1391) Die GoB sind im HGB und in der Abgabenordnung verankert.

1392) Eine Buchung kann auch ohne Beleg erfolgen, wenn der Geschäftsvorfall plausibel erscheint.

1393) Der Jahresabschluss muss in deutscher Sprache und in Euro erstellt werden.

1394) Buchungen müssen vollständig, richtig, zeitgerecht und geordnet vorgenommen werden.

1395) Die GoB gelten nur für Kapitalgesellschaften und nicht für Einzelunternehmen.

1396) Eine Inventur ist die körperliche Bestandsaufnahme aller Vermögenswerte und Schulden.

1397) Die permanente Inventur erfordert keine jährliche körperliche Bestandsaufnahme.

1398) Bei der verlegten Inventur erfolgt die Bestandsaufnahme in einem Zeitraum um den Abschlussstichtag herum.

1399) Anlagevermögen zählt zum kurzfristigen Vermögen im Betrieb.

1400) Umlaufvermögen umfasst unter anderem Waren, Forderungen und Bankguthaben.

1401) Die Bilanz ist eine stichtagsbezogene Gegenüberstellung von Vermögen und Kapital.

1402) Die Aktivseite der Bilanz zeigt, wie das Kapital verwendet wird.

1403) Die Passivseite zeigt ausschließlich das Umlaufvermögen eines Unternehmens.

1404) Eigenkapital ist ein Bestandteil der Passivseite.

1405) Bestandskonten werden aus der Bilanz abgeleitet und erfassen Veränderungen von Vermögen und Kapital.

1406) Auf Aktivkonten werden Zugänge im Haben und Abgänge im Soll gebucht.

1407) Bei Passivkonten stehen Zugänge im Haben und Abgänge im Soll.

1408) Die Bilanzsumme auf der Aktivseite muss immer kleiner sein als auf der Passivseite.

1409) Die Eröffnungsbilanz ist Grundlage für die Eröffnung der Bestandskonten im neuen Geschäftsjahr.

1410) Erfolgskonten erfassen Aufwendungen und Erträge und dienen der Ermittlung des Unternehmenserfolgs.

1411) Aufwendungen werden auf der Habenseite der Erfolgskonten gebucht.

1412) Erträge erhöhen das Eigenkapital und werden im Soll gebucht.

1413) Das GuV-Konto sammelt alle Aufwands- und Ertragskonten zur Gewinnermittlung.

1414) Ein Gewinn ergibt sich, wenn die Aufwendungen höher sind als die Erträge.

1415) Das Wareneingangskonto erfasst alle Einkäufe von Waren zum Einstandspreis.

1416) Umsatzerlöse aus dem Verkauf von Waren werden im Soll des Warenverkaufskontos gebucht.

1417) Das Wareneinsatzkonto zeigt den tatsächlichen Warenverbrauch innerhalb einer Abrechnungsperiode.

1418) Die Bestandsveränderung von Waren hat keinen Einfluss auf den Jahreserfolg.

1419) Beim Abschluss der Warenkonten wird der Saldo in die Gewinn- und Verlustrechnung übernommen.

1420) Die Umsatzsteuer wird auf Lieferungen und Leistungen erhoben, die ein Unternehmer im Inland ausführt.

1421) Vorsteuer ist die Umsatzsteuer, die ein Unternehmen beim Verkauf seiner Produkte einnimmt.

1422) Ein Unternehmen darf die an Lieferanten gezahlte Umsatzsteuer als Vorsteuer beim Finanzamt geltend machen.

1423) Die Zahllast ergibt sich aus der Differenz zwischen Umsatzsteuer und Vorsteuer.

1424) Die Umsatzsteuer stellt einen Aufwand für das Unternehmen dar und wird in der GuV erfasst.

1425) Anlagevermögen umfasst Vermögensgegenstände, die dem Unternehmen dauerhaft dienen.

1426) Ladeneinrichtung und Fuhrpark zählen zum Umlaufvermögen.

1427) Die Anschaffungskosten beinhalten auch Rabatte und Skonti als Minderungen des Kaufpreises.

1428) Montage- und Transportkosten gehören nicht zu den Anschaffungskosten.

1429) Anlagegüter werden zu ihren Bruttowerten inklusive Umsatzsteuer bilanziert.

1430) Wertminderungen bei Anlagegütern entstehen unter anderem durch Abnutzung und technischen Fortschritt.

1431) Bei der Anlagenwirtschaft spricht man von kurzfristig genutzten Betriebsmitteln.

1432) Umbaukosten, die bei der Installation einer Maschine anfallen, zählen zu den Anschaffungsnebenkosten.

1433) Die lineare Abschreibung berücksichtigt eine gleichmäßige Wertminderung über die Nutzungsdauer.

1434) Anlagegüter werden beim Kauf mit dem Bruttobetrag (inkl. Umsatzsteuer) in der Bilanz erfasst.

1435) Rabatte, Skonti und Boni mindern den Anschaffungspreis eines Anlageguts.

1436) Transport- und Montagekosten gehören zu den Anschaffungsnebenkosten eines Anlageguts.

1437) Anlagegüter zählen zum Umlaufvermögen, da sie verkauft werden.

1438) Als Anschaffungskosten gelten Nettopreis abzüglich Nachlässe zuzüglich Anschaffungsnebenkosten.

1439) Abschreibungen erfassen die Wertminderung von Anlagegütern in der Buchhaltung.

1440) Technischer Fortschritt kann ein Grund für die Abschreibung eines Anlagegutes sein.

1441) Abschreibungen erhöhen den bilanziellen Wert eines Vermögensgegenstandes.

1442) Der Restbuchwert ergibt sich aus dem Anschaffungswert abzüglich der bisherigen Abschreibungen.

1443) Abschreibungen führen zu einer Erhöhung des Gewinns in der GuV-Rechnung.

1444) Abschreibungen mindern den Gewinn, da sie als Aufwand erfasst werden.

1445) Wertverluste durch Modewandel zählen nicht zu den anerkannten Abschreibungsgründen.

1446) Abschreibungen betreffen ausschließlich das Umlaufvermögen eines Unternehmens.

1447) Natürlicher Verschleiß ist ein typischer Anlass für eine planmäßige Abschreibung.

1448) Wirtschaftsgüter mit Anschaffungskosten bis 250 € netto können sofort als Aufwand gebucht werden.

1449) Die Poolabschreibung betrifft selbstständig nutzbare Wirtschaftsgüter zwischen 250 € und 1.000 €.

1450) Beim Ausscheiden eines Wirtschaftsguts aus dem Sammelposten wird dieser um den Wert vermindert.

1451) Eine Kombination von 800-Euro-Abschreibung und Poolabschreibung ist zulässig.

1452) Selbstständig nutzbare Güter bis 800 € netto können alternativ direkt abgeschrieben werden.

1453) Die Buchführung dient der lückenlosen, systematischen Erfassung aller Geschäftsvorfälle.

1454) Jeder Geschäftsvorfall muss in der Buchführung beleglos dokumentiert werden.

1455) Das Grundbuch enthält alle Buchungen in zeitlicher Reihenfolge.

1456) Das Hauptbuch ordnet die Geschäftsvorfälle nach Sachkonten.

1457) Nebenbücher dienen der detaillierten Aufschlüsselung bestimmter Buchungsbereiche wie Lohn oder Lager.

1458) Eine ordnungsgemäße Buchführung muss keine Nachvollziehbarkeit durch Dritte ermöglichen.

1459) Die Aufbewahrungsfrist für Handelsbücher beträgt in der Regel zehn Jahre.

1460) Elektronische Buchführungssysteme unterliegen denselben Anforderungen wie manuelle Systeme.

1461) Geschäftsvorfälle dürfen in der Buchführung auch rückwirkend beliebig verändert werden.

Datenauswertung und Statistik

In diesem Kapitel wird dein Wissen über die Aufbereitung und Darstellung betrieblicher Daten getestet. Die Aussagen prüfen deine Kenntnisse verschiedener Darstellungsmethoden und wie Statistiken für betriebliche Entscheidungen genutzt werden können.

Richtig oder falsch?

1462) Kurvendiagramme eignen sich nur für die Darstellung von Quartalsumsätzen, nicht für andere Zeiträume.

1463) Die Statistik ist ein Teilbereich des betrieblichen Rechnungswesens zur Aufbereitung von Zahlenmaterial.

1464) Beim innerbetrieblichen Vergleich werden Daten aus dem eigenen Unternehmen miteinander verglichen.

1465) Kreisdiagramme zeigen Anteile am Gesamtumsatz in Prozent besonders gut.

1466) Flächendiagramme sind ungeeignet für die Darstellung von Warengruppenstatistiken.

1467) Die Säulendiagramm-Darstellung eignet sich besonders für den Vergleich von Mengen oder Werten.

1468) Ein Kreisdiagramm ist ideal, um zeitliche Entwicklungen abzubilden.

1469) Tabellen bieten eine exakte und strukturierte Auflistung von Zahlenwerten.

1470) In einem Liniendiagramm lassen sich Trends und Entwicklungen über Zeiträume hinweg gut erkennen.

1471) Grafische Darstellungen ersetzen die sachliche Analyse vollständig.

Betriebscontrolling

Hier werden deine Kenntnisse moderner Steuerungsinstrumente getestet. Die Aussagen prüfen dein Wissen über Begriffe und Aufgaben des Controllings sowie wichtige Instrumente wie Kennzahlensysteme und praktische Anwendungsbereiche im Einzelhandel.

Richtig oder falsch?

1472) Controlling unterstützt die Unternehmensleitung durch Planung, Steuerung und Kontrolle.

1473) Controlling beschränkt sich ausschließlich auf die Buchhaltung.

1474) Ein Ziel des Controllings ist die vorausschauende Erfolgssteuerung des Unternehmens.

1475) Controlling umfasst unter anderem die Budgetierung und die Arbeit mit Kennzahlensystemen.

1476) Controlling ermittelt ausschließlich Ist-Werte, ohne Planzahlen zu berücksichtigen.

1477) Kennzahlensysteme fassen mehrere relevante Kennzahlen aus einem bestimmten Bereich zusammen.

1478) Die Budgetierung ist rein rückblickend und berücksichtigt keine Soll-Werte.

1479) Soll-Ist-Vergleiche dienen der Abweichungsanalyse zwischen geplanten und tatsächlich erzielten Ergebnissen.

1480) Das Berichtswesen liefert keine Informationen für die betriebliche Steuerung.

1481) Controlling-Instrumente werden auch im Personal- und Finanzbereich eingesetzt.

1482) Controlling unterstützt die Planung und Steuerung in verschiedenen Bereichen eines Unternehmens.

1483) Controlling findet ausschließlich im Vertrieb Anwendung.

1484) Im Beschaffungscontrolling werden Lieferzeiten, Preise und Mengen analysiert.

1485) Lagercontrolling bezieht sich auf Lagerdauer, Umschlagshäufigkeit und Lagerkosten.

1486) Absatzcontrolling analysiert Verkaufszahlen, Umsatzentwicklung und Sortimentsstruktur.

1487) Das Personalcontrolling bezieht sich u. a. auf Personalkosten, Fehlzeiten und Produktivität.

1488) Finanzcontrolling hat die Liquidität, Rentabilität und Kapitalstruktur im Blick.

1489) Controlling wird nur bei Jahresabschlussarbeiten eingesetzt.

1490) Auch im Bereich Marketing kann Controlling sinnvoll zur Erfolgskontrolle von Werbemaßnahmen eingesetzt werden.

1491) Lagerkennzahlen spielen im Controlling keine Rolle.

1492) Im Controlling werden nur Ist-Daten betrachtet – Plandaten sind irrelevant.

1493) Ein Ziel des Controllings ist die Identifikation von Abweichungen und deren Ursachen.

1494) Die Analyse der Umschlagshäufigkeit gehört zum Absatzcontrolling.

1495) EDV-gestützte Warenwirtschaftssysteme unterstützen die Datenerfassung im Controlling.

1496) Die Budgeteinhaltung wird im Rahmen des Controllings regelmäßig überwacht.

1497) Controlling kann helfen, Überbestände im Lager frühzeitig zu erkennen.

1498) Personalcontrolling ist ausschließlich Aufgabe der Buchhaltung.

1499) Werbeerfolgskontrollen fallen nicht in den Aufgabenbereich des Controllings.

1500) Ein gut eingesetztes Controlling trägt zur langfristigen Unternehmenssicherung bei.

ANTWORTSCHLÜSSEL

R = Richtig, F = Falsch

1) R	26) F	51) F	76) R	101) F	126) R
2) F	27) R	52) F	77) F	102) R	127) F
3) R	28) F	53) R	78) R	103) F	128) F
4) R	29) R	54) R	79) F	104) R	129) F
5) R	30) R	55) F	80) R	105) F	130) R
6) F	31) R	56) R	81) F	106) R	131) F
7) F	32) R	57) R	82) R	107) F	132) R
8) R	33) R	58) R	83) F	108) R	133) R
9) F	34) F	59) F	84) R	109) F	134) R
10) R	35) R	60) R	85) F	110) R	135) R
11) F	36) R	61) R	86) R	111) F	136) F
12) R	37) F	62) F	87) F	112) R	137) R
13) F	38) R	63) R	88) R	113) R	138) F
14) R	39) R	64) F	89) F	114) R	139) F
15) F	40) R	65) R	90) R	115) F	140) R
16) R	41) F	66) R	91) R	116) R	141) F
17) R	42) F	67) R	92) F	117) F	142) R
18) F	43) R	68) F	93) R	118) R	143) R
19) R	44) R	69) R	94) R	119) F	144) F
20) R	45) F	70) R	95) F	120) R	145) R
21) F	46) R	71) F	96) R	121) R	146) F
22) R	47) F	72) R	97) R	122) R	147) R
23) F	48) R	73) F	98) F	123) F	148) R
24) R	49) R	74) R	99) R	124) R	149) F
25) R	50) R	75) F	100) R	125) R	150) R

151) F	182) F	213) F	244) R	275) F	306) F
152) R	183) R	214) R	245) R	276) R	307) R
153) F	184) F	215) R	246) R	277) R	308) F
154) R	185) R	216) F	247) F	278) F	309) R
155) R	186) R	217) R	248) F	279) R	310) R
156) F	187) F	218) F	249) R	280) R	311) R
157) R	188) R	219) R	250) R	281) F	312) R
158) R	189) R	220) R	251) F	282) R	313) F
159) F	190) R	221) R	252) R	283) F	314) R
160) R	191) R	222) F	253) R	284) R	315) F
161) F	192) R	223) R	254) R	285) F	316) R
162) R	193) F	224) R	255) F	286) R	317) F
163) R	194) R	225) F	256) R	287) F	318) R
164) F	195) R	226) R	257) R	288) R	319) R
165) R	196) F	227) F	258) F	289) F	320) F
166) F	197) R	228) R	259) F	290) R	321) R
167) R	198) R	229) R	260) R	291) R	322) F
168) F	199) R	230) F	261) F	292) F	323) R
169) R	200) F	231) R	262) R	293) R	324) F
170) F	201) R	232) F	263) R	294) R	325) R
171) R	202) R	233) R	264) F	295) R	326) R
172) R	203) F	234) R	265) R	296) F	327) F
173) F	204) R	235) R	266) F	297) R	328) R
174) R	205) R	236) F	267) R	298) F	329) F
175) F	206) F	237) R	268) F	299) R	330) R
176) F	207) R	238) R	269) R	300) F	331) F
177) R	208) F	239) F	270) R	301) R	332) R
178) R	209) R	240) R	271) F	302) F	333) R
179) F	210) R	241) F	272) R	303) R	334) F
180) R	211) F	242) R	273) F	304) R	335) R
181) R	212) R	243) R	274) R	305) R	336) F

337) R	368) R	399) R	430) F	461) R	492) R
338) R	369) F	400) F	431) R	462) F	493) R
339) F	370) R	401) R	432) R	463) R	494) F
340) R	371) R	402) R	433) R	464) F	495) R
341) R	372) F	403) F	434) F	465) R	496) F
342) R	373) R	404) R	435) R	466) F	497) R
343) F	374) R	405) R	436) R	467) R	498) R
344) R	375) R	406) F	437) F	468) R	499) F
345) R	376) R	407) R	438) R	469) F	500) R
346) F	377) F	408) R	439) R	470) R	501) R
347) R	378) R	409) F	440) R	471) R	502) R
348) F	379) F	410) R	441) F	472) F	503) R
349) R	380) R	411) F	442) R	473) R	504) F
350) F	381) F	412) R	443) F	474) F	505) R
351) F	382) R	413) F	444) R	475) F	506) F
352) R	383) R	414) R	445) R	476) R	507) R
353) F	384) F	415) R	446) R	477) R	508) F
354) F	385) R	416) F	447) F	478) F	509) R
355) R	386) R	417) R	448) R	479) R	510) F
356) R	387) R	418) F	449) F	480) R	511) R
357) F	388) R	419) R	450) R	481) F	512) F
358) R	389) F	420) F	451) R	482) R	513) R
359) F	390) F	421) R	452) R	483) F	514) F
360) R	391) R	422) R	453) F	484) R	515) R
361) F	392) R	423) F	454) R	485) F	516) F
362) F	393) F	424) R	455) R	486) R	517) R
363) R	394) R	425) F	456) F	487) F	518) R
364) R	395) F	426) R	457) R	488) R	519) F
365) F	396) R	427) R	458) F	489) F	520) R
366) R	397) F	428) F	459) R	490) R	521) F
367) F	398) R	429) R	460) F	491) F	522) R

523) F	554) F	585) R	616) R	647) R	678) R
524) R	555) R	586) R	617) R	648) F	679) R
525) R	556) F	587) F	618) F	649) R	680) R
526) R	557) R	588) R	619) R	650) R	681) F
527) R	558) R	589) F	620) R	651) F	682) R
528) R	559) F	590) R	621) F	652) R	683) R
529) F	560) F	591) F	622) R	653) F	684) R
530) R	561) R	592) R	623) R	654) R	685) F
531) R	562) R	593) R	624) F	655) R	686) R
532) F	563) F	594) F	625) R	656) F	687) R
533) R	564) R	595) R	626) F	657) R	688) F
534) F	565) R	596) F	627) R	658) F	689) R
535) R	566) R	597) R	628) R	659) R	690) F
536) F	567) F	598) R	629) F	660) R	691) R
537) R	568) R	599) R	630) R	661) R	692) R
538) F	569) R	600) F	631) F	662) F	693) F
539) R	570) F	601) R	632) R	663) R	694) R
540) R	571) R	602) F	633) R	664) F	695) R
541) F	572) F	603) F	634) F	665) R	696) F
542) R	573) R	604) R	635) R	666) R	697) R
543) F	574) R	605) R	636) R	667) R	698) R
544) R	575) F	606) F	637) F	668) F	699) F
545) R	576) R	607) R	638) R	669) R	700) R
546) F	577) R	608) R	639) F	670) R	701) R
547) R	578) F	609) R	640) R	671) F	702) F
548) F	579) F	610) F	641) F	672) R	703) R
549) R	580) R	611) R	642) R	673) F	704) F
550) R	581) R	612) R	643) R	674) R	705) R
551) F	582) F	613) F	644) F	675) F	706) R
552) R	583) R	614) F	645) R	676) R	707) F
553) R	584) F	615) R	646) F	677) F	708) R

709) F 740) R 771) R 802) R 833) R 864) F
710) R 741) F 772) R 803) R 834) F 865) R
711) R 742) R 773) F 804) F 835) R 866) F
712) R 743) F 774) R 805) F 836) R 867) R
713) F 744) R 775) F 806) R 837) F 868) F
714) F 745) R 776) R 807) R 838) R 869) R
715) R 746) R 777) F 808) F 839) R 870) R
716) R 747) F 778) R 809) R 840) F 871) F
717) F 748) F 779) F 810) F 841) R 872) R
718) R 749) R 780) R 811) R 842) F 873) R
719) R 750) R 781) R 812) F 843) R 874) R
720) F 751) F 782) F 813) R 844) F 875) F
721) R 752) R 783) R 814) R 845) R 876) R
722) F 753) F 784) F 815) F 846) R 877) F
723) R 754) R 785) R 816) R 847) R 878) R
724) R 755) R 786) F 817) F 848) F 879) R
725) F 756) F 787) R 818) R 849) R 880) F
726) R 757) R 788) F 819) R 850) R 881) R
727) F 758) F 789) R 820) F 851) F 882) F
728) R 759) R 790) R 821) R 852) R 883) R
729) F 760) F 791) F 822) F 853) F 884) R
730) R 761) R 792) R 823) R 854) R 885) F
731) R 762) R 793) F 824) F 855) R 886) R
732) F 763) F 794) R 825) R 856) F 887) R
733) R 764) R 795) F 826) R 857) R 888) F
734) F 765) R 796) R 827) F 858) R 889) F
735) R 766) F 797) R 828) R 859) F 890) R
736) R 767) R 798) F 829) F 860) R 891) F
737) F 768) R 799) R 830) R 861) R 892) R
738) R 769) R 800) F 831) R 862) F 893) F
739) F 770) F 801) R 832) F 863) R 894) R

895) F	926) F	957) F	988) R	1019) F	1050) R
896) R	927) F	958) R	989) F	1020) R	1051) R
897) F	928) R	959) R	990) R	1021) F	1052) F
898) R	929) R	960) F	991) F	1022) R	1053) R
899) F	930) F	961) R	992) R	1023) F	1054) F
900) R	931) F	962) F	993) F	1024) R	1055) R
901) F	932) R	963) R	994) R	1025) R	1056) F
902) R	933) R	964) R	995) R	1026) R	1057) R
903) F	934) R	965) F	996) R	1027) F	1058) R
904) R	935) F	966) R	997) F	1028) R	1059) F
905) R	936) R	967) F	998) R	1029) F	1060) R
906) F	937) F	968) R	999) F	1030) R	1061) R
907) R	938) R	969) F	1000) R	1031) R	1062) R
908) F	939) R	970) R	1001) F	1032) R	1063) F
909) R	940) F	971) R	1002) R	1033) F	1064) F
910) R	941) R	972) F	1003) F	1034) R	1065) R
911) F	942) F	973) R	1004) R	1035) R	1066) F
912) R	943) R	974) R	1005) R	1036) F	1067) R
913) F	944) R	975) F	1006) R	1037) F	1068) F
914) R	945) F	976) R	1007) F	1038) R	1069) R
915) F	946) R	977) R	1008) R	1039) R	1070) R
916) R	947) R	978) R	1009) F	1040) F	1071) R
917) R	948) F	979) F	1010) R	1041) R	1072) F
918) F	949) R	980) R	1011) F	1042) R	1073) F
919) R	950) R	981) F	1012) R	1043) F	1074) R
920) F	951) R	982) R	1013) R	1044) R	1075) R
921) R	952) F	983) F	1014) F	1045) F	1076) R
922) F	953) R	984) R	1015) R	1046) R	1077) F
923) R	954) R	985) R	1016) R	1047) F	1078) R
924) R	955) F	986) R	1017) F	1048) R	1079) F
925) R	956) R	987) F	1018) R	1049) F	1080) R

1081) R	1112) F	1143) R	1174) F	1205) R	1236) R
1082) F	1113) F	1144) R	1175) R	1206) F	1237) R
1083) R	1114) R	1145) F	1176) R	1207) R	1238) F
1084) F	1115) F	1146) R	1177) F	1208) R	1239) F
1085) R	1116) R	1147) F	1178) R	1209) F	1240) R
1086) F	1117) F	1148) R	1179) F	1210) R	1241) R
1087) R	1118) R	1149) F	1180) R	1211) R	1242) R
1088) R	1119) F	1150) R	1181) F	1212) F	1243) F
1089) F	1120) R	1151) R	1182) F	1213) R	1244) R
1090) R	1121) R	1152) F	1183) R	1214) F	1245) F
1091) F	1122) F	1153) R	1184) R	1215) R	1246) R
1092) R	1123) R	1154) R	1185) F	1216) R	1247) R
1093) R	1124) F	1155) F	1186) R	1217) F	1248) F
1094) F	1125) R	1156) R	1187) F	1218) R	1249) R
1095) R	1126) F	1157) R	1188) R	1219) F	1250) R
1096) R	1127) R	1158) F	1189) F	1220) R	1251) F
1097) F	1128) F	1159) R	1190) R	1221) F	1252) R
1098) R	1129) R	1160) F	1191) F	1222) R	1253) R
1099) R	1130) F	1161) R	1192) R	1223) R	1254) F
1100) F	1131) R	1162) F	1193) F	1224) F	1255) R
1101) R	1132) R	1163) R	1194) R	1225) R	1256) F
1102) F	1133) F	1164) F	1195) F	1226) R	1257) R
1103) R	1134) R	1165) R	1196) F	1227) F	1258) R
1104) F	1135) R	1166) F	1197) R	1228) F	1259) F
1105) R	1136) F	1167) F	1198) F	1229) R	1260) R
1106) R	1137) R	1168) R	1199) R	1230) R	1261) R
1107) F	1138) R	1169) R	1200) F	1231) F	1262) F
1108) F	1139) F	1170) R	1201) R	1232) R	1263) R
1109) R	1140) R	1171) R	1202) R	1233) F	1264) R
1110) R	1141) F	1172) F	1203) R	1234) R	1265) F
1111) F	1142) R	1173) R	1204) F	1235) F	1266) R

1267) F	1298) R	1329) F	1360) F	1391) R	1422) R
1268) R	1299) F	1330) R	1361) R	1392) F	1423) R
1269) R	1300) R	1331) R	1362) F	1393) R	1424) F
1270) F	1301) F	1332) R	1363) R	1394) R	1425) R
1271) R	1302) R	1333) F	1364) F	1395) F	1426) F
1272) F	1303) F	1334) R	1365) R	1396) R	1427) R
1273) R	1304) R	1335) R	1366) F	1397) F	1428) F
1274) F	1305) R	1336) F	1367) R	1398) R	1429) F
1275) R	1306) F	1337) R	1368) R	1399) F	1430) R
1276) R	1307) R	1338) R	1369) F	1400) R	1431) F
1277) F	1308) F	1339) F	1370) R	1401) R	1432) R
1278) R	1309) R	1340) F	1371) F	1402) R	1433) R
1279) F	1310) F	1341) R	1372) F	1403) F	1434) F
1280) R	1311) R	1342) R	1373) R	1404) R	1435) R
1281) R	1312) F	1343) F	1374) R	1405) R	1436) R
1282) R	1313) R	1344) R	1375) F	1406) F	1437) F
1283) F	1314) R	1345) R	1376) R	1407) R	1438) R
1284) F	1315) F	1346) R	1377) R	1408) F	1439) R
1285) R	1316) R	1347) R	1378) R	1409) R	1440) R
1286) R	1317) F	1348) R	1379) F	1410) R	1441) F
1287) F	1318) R	1349) R	1380) R	1411) F	1442) R
1288) R	1319) R	1350) R	1381) R	1412) F	1443) F
1289) F	1320) R	1351) F	1382) F	1413) R	1444) R
1290) R	1321) F	1352) R	1383) R	1414) F	1445) F
1291) F	1322) F	1353) R	1384) F	1415) R	1446) F
1292) R	1323) R	1354) F	1385) R	1416) F	1447) R
1293) R	1324) R	1355) R	1386) R	1417) R	1448) R
1294) F	1325) F	1356) F	1387) F	1418) F	1449) R
1295) R	1326) R	1357) R	1388) R	1419) R	1450) F
1296) R	1327) F	1358) F	1389) F	1420) R	1451) F
1297) F	1328) R	1359) R	1390) R	1421) F	1452) R

1453) R	1461) F	1469) R	1477) R	1485) R	1493) R
1454) F	1462) F	1470) R	1478) F	1486) R	1494) F
1455) R	1463) R	1471) F	1479) R	1487) R	1495) R
1456) R	1464) R	1472) R	1480) F	1488) R	1496) R
1457) R	1465) R	1473) F	1481) R	1489) F	1497) R
1458) F	1466) F	1474) R	1482) R	1490) R	1498) F
1459) R	1467) R	1475) R	1483) F	1491) F	1499) F
1460) R	1468) F	1476) F	1484) R	1492) F	1500) R